집에서 푸드 트립
박소은 지음
Home Food Trip

현지의 그 맛 그대로!!

니들북

Prologue

퇴근 시간만 기다렸다 집에 달려와서 요리를 하나씩 따라 한 지 어느덧 10년이란 세월이 흘렀어요. 제한된 시간 안에 간단하지만 근사하게 해 먹을 수 있는 요리들을 찾아 만들어보며 나만의 레시피북처럼 블로그를 운영하던 것이 시간이 지나면서 많은 구독자들의 관심을 받게 됐어요.

    요즘에는 다양한 곳으로 여행을 떠나기에 세계 각지의 음식이 친숙하지만 제가 블로그를 시작한 초창기에는 포스팅한 요리를 생소하게 느끼는 사람들이 더 많았어요. 하지만 어느 순간부터 그런 음식들이 검색 순위에 오르기도 하고, 따라 해보니 생각보다 쉽고 맛있다는 후기를 남겨주는 분들이 늘어나면서 큰 보람을 느끼게 됐답니다.

저는 요리를 전공한 전문가가 아닌 그저 요리에 관심 많은 주부이자 엄마예요. 그렇기 때문에 복잡하지 않고 맛있고 멋스럽고 언제든 생각나면 뚝딱 만들 수 있는 요리 스타일을 추구해요. 이런 저만의 소박한 요리 철학을 담아 요리를 잘 못하더라도, 외국 음식이 익숙하지 않더라도 누구든 책을 보며 쉽게 따라 하고 맛있게 먹을 수 있는 요리책을 만들고 싶었어요.

요리가 어렵다, 바빠서 요리할 시간이 없다 하는 분들을 보면 항상 안타까운 마음이 있었어요. 일단 한번 해보면 손으로 할 수 있는 것 중 가장 쉬운 게 요리이기도 하거니와 스트레스 풀기에 요리만큼 좋은 것도 없거든요. 퍼즐을 맞추듯 레시피에 적힌 대로 한 단계 한 단계 따라 하고 완성하면 맛있는 음식도 먹을 수 있으니 이보다 더 좋은 취미가 있을까요?

즐거운 여행에 맛있는 음식은 빠지지 않죠. 저는 세계 곳곳에서 먹었던 음식을 통해 즐거웠던 추억을 다시금 되새긴답니다. 셰퍼드파이와 영국에서 보낸 학창 시절, 크로크무슈와 파리의 카페에 앉아 행인들을 구경했던 여유로운 시간 등 음식과 그에 얽힌 기억은 일상생활의 활력소가 돼요. 저에게는 힐링 레시피라 할 수 있는 세계 각지의 맛있는 음식을 이 책에 담았습니다. 여러분, 집에서 세계로 푸드 트립을 떠날 준비가 됐나요? :)

끝으로 열정을 가지고 책 출판을 제안해준 편집자님과 한결같은 응원의 메시지를 보내준 구독자 분들, 도전 정신 가득한 와이프 덕분에 매일 식사로 세계 일주를 하고 있는 남편과 엄마 밥이 최고라 말해주는 아들 그리고 이 책이 나올 수 있도록 어렸을 때부터 전 세계 각지로 여행을 데리고 다녀준 미식가 아빠와 소문난 손맛을 사랑하는 엄마께 감사의 말을 전합니다.

2018년 가을
박소은

Contents

4 Prologue

14 푸드 트립 준비하기

Food Trip 1  익숙하고 맛있는 한식 / 중식 / 일식

 33 일본 편의점의 별미 돈가스샌드위치
가쓰산도

 35 일본식 크로켓
감자고로케

 37 손에 들러붙지 않는 중국식 맛탕
고구마빠스

 39 일본식 소고기덮밥
규동

 41 서울 진통 시장의 명물
기름떡볶이

 43 대한민국 대표 간식
길거리토스트

 45 간단하면서도 맛집 스타일로 예쁘게
김치볶음밥

 47 중국인이 사랑하는 닭고기 요리
꿍빠오지띵

 49 제주도에서만 맛볼 수 있는 이색 김밥
꽁치김밥

 51 토마토소스 대신 토마토케첩으로
나폴리탄스파게티

 53 간장소스를 바른 닭고기덮밥
데리야키치킨덮밥

 55 돼지고기를 넣은 된장국
돈지루

 57 소동파의 마음이 깃든 중국식 수육
동파육

 59 줄 서서 먹는 맛 그대로
들깨칼국수

 61 차갑게 식혀 먹는 두부 요리
량반두부

 63 세계저으로 사랑받는 광동 요리
레몬크림새우

 65 중국식 고기쌈 요리
레터스랩

 67 화끈한 사천식 볶음면
마의상수

 69 사천요리의 대표 주자
마파두부

 71 단짠단짠 소스가 맛있는
몽골리언비프

 73 칼칼한 국물에 버섯이 듬뿍
버섯샤부샤부칼국수

 75 부산 남포동에 위치한 시장의 명물
비빔당면

	77	집밥이 생각날 땐 사바미소니		99	중국의 밥도둑 반찬 줄기콩돼지볶음
	79	색의 대비가 예쁜 한 그릇 소보로동		101	뜨거운 기름을 부어 먹는 중국식 도미찜
	81	폭신폭신한 일본식 팬케이크 수플레팬케이크		103	모든 중식의 짝꿍 중국식 볶음밥
	83	속이 보이는 새우만두 슈마이		105	일본식 닭고기튀김 치킨가라아게
	85	돈부리의 특별한 변신 스테이크동		107	카레에 빠진 우동면 카레우동
	87	채소와 고기가 가득한 볶음면 야키소바		109	일본식으로 재해석된 멕시코 요리 타코라이스
	89	일본식 꼬치구이 야키토리		111	매콤하고 고소한 땅콩소스의 맛 탄탄면
	91	네모난 밥샌드위치 오니기라즈		113	불금에는 반반 치킨 프라이드&양념치킨
	93	일본식 빈대떡 오코노미야키		115	바삭바삭한 식감이 매력적인 중국의 새우토스트 하토시
	95	온천물에 익혀 만드는 일본식 수란 온센다마고			
	97	최소한의 수분으로 만드는 부들부들한 수육 저수분마늘수육			

Food Trip 2  매콤 달콤 입맛 저격 동남아 요리

 119 태국의 커리 요리를 대표하는
초록색 커리
그린커리

 121 인도네시아의 국민 요리
나시고렝

 123 눈꽃 모양 밀가루옷을 입은
대만식 눈꽃만두

 125 아침 식사로 딱인 달걀전병 요리
딴삥

 127 은은한 코코넛 향이 우러나오는 쌀국수
락사

 129 라오스식 고기샐러드
랍

 131 대만인들의 영원한 소울 푸드
루로우판

 133 베트남의 쌀바게트샌드위치
반미

 135 베트남식 쌀가루부침개
반쎄오

 137 차가운 비빔쌀국수
분짜

 139 라이스페이퍼에 돌돌 만
베트남식 쌈 요리
스프링롤

 141 커리파우더로 맛을 낸
싱가포르식 볶음국수

 143 인도네시아식 꼬치구이
치킨사떼

 145 빵 속에 낀 버터
카야토스트

 147 찹쌀과 망고로 만든 달콤한 디저트
카오니아우마무앙

 149 태국식 닭고기볶음밥
카오팟카이

 131 포실포실한 오믈렛덮밥
카이찌여우무쌉

 153 부드러운 코코넛크림의 맛
코코넛커피

 155 길거리에서 먹어야 제맛인 볶음국수
팟타이

 157 피시소스와 허브로 맛을 낸 닭날개튀김
폭폭윙

 159 달콤한 연유를 뿌려 먹는
홍콩식 프렌치토스트

 161 대만식 후추스파게티
흑후추면

Food Trip 3  동서남북을 아우르는 유럽 요리

 165 타파스 요리의 대표 주자
　　　　　감바스알아히요

 167 헝가리식 비프스튜
　　　　　굴라시

 169 한겨울의 추위를 녹여주는 따뜻한 와인
　　　　　글뤼바인

 171 독일식 팬케이크의 이유 있는 변신
　　　　　더치베이비

 173 스위스식 감자전
　　　　　뢰스티

 175 벨기에식 홍합찜
　　　　　물프리트

 177 조개육수로 맛을 내 시원한
　　　　　봉골레스파게티

 179 바삭바삭하게 구운 빵에 올려진
　　　　　다양한 토핑
　　　　　브루스게타

 181 영국 서민들의 고기파이
　　　　　셰퍼드파이

 183 스웨덴식 미트볼
　　　　　쇠트불라르

 185 그리스식 고기꼬치구이
　　　　　수블라키

 187 오스트리아식 돈가스
　　　　　슈니첼

 189 영양 만점 달걀크로켓
　　　　　스카치에그

 191 따뜻한 차 한잔과 함께 먹는 부드러운 맛
　　　　　스콘

 193 진짜 비엔나커피
　　　　　아인슈패너

 195 커피와 아이스크림의 환상적인 만남
　　　　　아포가토

 197 구운 사과 디저트
　　　　　애플크럼블

 199 그리스식 요구르트소스
　　　　　차지키

 201 초콜릿소스에 찍어야 제맛인
　　　　　바삭바삭한 간식
　　　　　추로스

 203 크림이 들어가지 않는
　　　　　정통 이탈리아식 파스타
　　　　　카르보나라

 205 오븐에 구운 치즈
　　　　　카망베르로티

 207 아일랜드식 매시드포테이토
　　　　　콜캐논

209　토마토소스가 뿌려진 소시지구이
　　　　　쿠리부어스트

　211　식사 대용으로 먹는 사각형의 크레페
　　　　　크레페스퀘어

　213　바삭바삭한 캐러멜토핑이 얹어진 디저트
　　　　　크렘브륄레

　215　프렌치 비스트로의 대표 메뉴
　　　　　크로크마담

　217　벨기에식 오픈샌드위치
　　　　　타르틴

　219　포르투갈식 에그타르트
　　　　　파스텔드나타

　221　굳은 빵도 살려내는 샐러드
　　　　　판자넬라

　223　오리지널 프렌치토스트
　　　　　팽페르뒤

　225　토마토 하나로 뚝딱
　　　　　포모도로스파게티

　227　프랑스인들의 소울 푸드
　　　　　프렌치어니언스프

　229　와인과 함께 먹기 좋은
　　　　　프로슈토에멜로네

Food Trip 4  리얼 아메리칸 스타일 북미 요리

- 233 기본기에 충실한
  BLT샌드위치
- 235 푸드 트럭 음식의 대표 주자
  갈릭버터슈림프
- 237 하와이식 햄버그스테이크덮밥
  로코모코
- 239 미국식 치즈파스타
  맥앤치즈
- 241 커피와 모히토의 만남
  모히토커피
- 243 미국식으로 재해석된 크로크무슈
  몬테크리스토샌드위치
- 245 바나나 안에 끼운 과일
  바나나스플릿
- 247 손가락에 묻은 양념까지 쪽쪽
  버펄로윙
- 249 뉴욕의 아침을 깨우는
  베이글락스
- 251 주물 팬 하나로 끝내는
  브렉퍼스트스킬렛
- 253 줄 서서 먹는 햄버거
  셰이크버거
- 255 가격을 확 낮춘 랍스터롤
  슈림프롤
- 257 이탈리아 감성의 미국식 샐러드
  시저샐러드
- 259 저렴한 길거리 음식에서 시작된
  시카고핫도그
- 261 뉴요커처럼 즐기는 브런치
  에그베네딕트
- 263 감자와 달걀의 환상적인 만남
  에그슬럿
- 265 미국 유명 가수의 이름을 딴
  엘비스샌드위치
- 267 미국식으로 재해석된 중식
  차우멘
- 269 미국인들에게 향수를 불러일으키는
  달콤한 디저트
  초콜릿브라우니
- 271 김 밖으로 밥이 나온
  캘리포니아롤
- 273 미국식 아침 식사의 대명사
  팬케이크
- 275 축제의 디저트
  퍼넬케이크
- 277 하와이식 회덮밥
  포키볼
- 279 캐나다를 대표하는 감자 요리
  푸틴
- 281 하와이식 주먹밥
  하와이언무스비

Food Trip 5  열정 테이스티 남미 요리

 285 멕시코 요리에서 빠질 수 없는 만능 딥
과카몰리

 287 민트 향 가득한 쿠바의 칵테일
모히토

 289 브라질식 피시스튜
모케카바이아나

 291 멕시코식 오믈렛
미가스

 293 라임 향 한가득
브라질식 레몬에이드

 295 아르헨티나식 소스를 얹은 비프스테이크
비페알라플란차

 297 입맛을 돋우는 상큼한 해산물샐러드
세비체

 299 멕시코의 마약옥수수
엘로테

 301 밥처럼 먹을 수 있는 스튜
칠리콘카르네

 303 멕시코식 피자
케사디야

 305 멕시코 목장의 아침을 깨우는 요리
우에보스란체로스

 307 쿠바노들의 휴식 같은 샌드위치
쿠반샌드위치

Food Trip 6  색다른 맛에 도전 중동 / 아프리카 / 오세아니아 요리

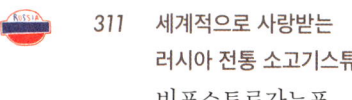 311 세계적으로 사랑받는
러시아 전통 소고기스튜
비프스트로가노프

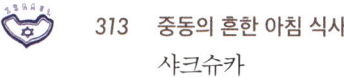 313 중동의 흔한 아침 식사
샤크슈카

315 터키식 꼬치구이
시시케밥

317 모로코식 가지샐러드
자알룩

319 요거트를 곁들인 달걀 요리
츨브르

321 버터를 넣은 인도식 토마토커리
치킨마크니커리

 323 호주의 대표적인 펍 푸드
치킨파르미지아나

 325 무용수의 이름을 딴 달콤한 디저트
파블로바

 327 병아리콩으로 만드는 비건 크로켓
팔라펠

 329 아프리카의 바나나도넛
퍼프퍼프

 331 중동을 대표하는 비건 요리
후무스

푸드 트립 준비하기

조리 도구

세척하기 편리한 스테인리스나 실리콘 소재로 만들어진 조리 도구를 추천해요. 자주 사용하지 않는 제품은 작은 것으로 구입해 주방 살림의 부피를 줄여요.

1 뒤집개
큰 전을 부치는 경우를 제외하고 작은 뒤집개의 활용도가 더 높아요.

2 조리용 나무젓가락
열이 전도되지 않아 잡았을 때 뜨겁지 않아요.

3 조리용 나무 주걱
나무 주걱은 팬에 생길 수 있는 흠집을 최소화하며 영구적으로 사용 가능해요.

4 실리콘 솔
일반 솔보다 관리하기 쉽고 식기세척기에서 세척이 가능해 편리해요.

5 계량컵
1컵짜리 계량컵은 부피가 크지 않고 베이킹과 요리에 모두 활용할 수 있어요.

6 깔때기
액체를 용기에 옮겨 담거나 소분할 때 유용해요.

7 스테인리스 미니 매셔
자주 사용하지 않는 도구는 작은 사이즈로 구입하는 게 좋아요.

8 스테인리스 미니 거품기
달걀 1~2개를 섞을 때 사용하면 좋아요.

9~10 스테인리스 계량스푼
큰술과 작은술이 구분돼 있는 계량스푼은 계량하기 편리하고 요리를 실패할 확률도 낮춰줘요.

11 슬라이서, 채칼
채소나 치즈를 예쁘게 슬라이스하거나 채썰기 어려울 경우 슬라이서 또는 채칼의 도움을 받아요.

12~13 실리콘 알뜰 주걱
남은 재료를 아낌없이 모아주는 실리콘 주걱은 크기별로 2~3개 가지고 있으면 편리해요.

14 오일 스프레이
팬에 기름을 골고루 분사시켜 편리해요.

15 스테인리스 체망
달걀의 알끈을 제거하거나 국물에서 건더기를 건져낼 때 유용해요.

종류별로 하나씩 구비했을 때 절대 후회하지 않을 조리 도구들이에요.

1   에그팬
팬에 동그랗게 홈이 파여 달걀을 예쁘게 부칠 수 있어요.

2   주물팬
시즈닝만 잘 해두면 영구적으로 사용할 수 있어요. 코팅 팬과 달리 유해 물질이 배출되지 않아요.

3   주물 냄비
저수분으로 식재료의 영양소 파괴를 최소화해서 조리할 수 있어요. 100% 주물 냄비를 관리하기 힘들면 에나멜 코팅이 된 제품을 선택해요.

4   스테인리스 편수 냄비
물이 빨리 끓어올라 채소를 데치거나 면을 삶기 적당해요.

재료 손질 방법

1 슬라이스하기

재료를 일정한 두께로 얇게 썰어요.

3 반달썰기

재료를 슬라이스하고 반으로 잘라요.

5 깍둑썰기

재료를 큐브 형태로 썰어요.

7 웨지썰기

재료를 길게 반 가르고 중심으로부터 3~4등분해서 총 6~8조각이 나오도록 V자 모양으로 썰어요.

2 채썰기

재료를 슬라이스하고 포개어 일정한 굵기로 길게 썰어요.

4 어슷썰기

재료를 사선으로 비스듬히 썰어요.

6 나박썰기

재료를 얄팍하게 썰고 직사각형으로 잘라요.

계량 방법

이 책의 모든 계량에 계량컵과 계량스푼을 사용해요. 계량컵 1컵은 200ml, 1/2컵은 100ml이며 계량스푼 1큰술은 15ml, 1작은술은 5ml예요. 정확한 계량은 요리 실패 확률을 낮춰주므로 매우 중요해요. 그러니 어림짐작이 아닌 계량 도구로 정확히 계량할 것을 추천해요.

가루 계량법

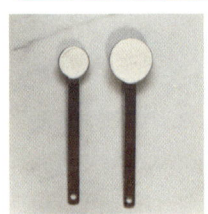 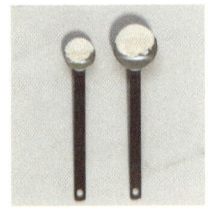  

1 1작은술·큰술
계량스푼에 가득 차게 담고 윗면을 깎아요.

2 1/2작은술·큰술
계량스푼의 절반 정도 차게 담아요.

3 1컵
계량컵에 수북하게 담고 윗면을 깎아요.

4 1/2컵
계량컵 중간에 있는 눈금까지 차게 담아요.

액체 계량법

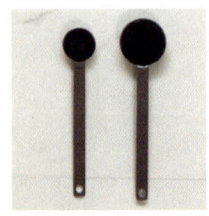   

1 1작은술·큰술
계량스푼에 가득 차게 담아요.

2 1/2작은술·큰술
계량스푼의 절반 정도 차게 담아요.

3 1컵
계량컵에 가득 차게 담아요.

4 1/2컵
계량컵 중간에 있는 눈금까지 차게 담아요.

채소 및 허브 계량법

1   1작은술·큰술

계량스푼에 볼록 차게 담아요.

2   1/2작은술·큰술

계량스푼의 절반 정도 볼록 차게 담아요.

육류 및 해산물 계량법

1   닭가슴살

1개 → 125g

2   닭다리살(정육)

1개 → 100g

3   새우

머리, 내장, 껍질을 제거한 중량

20

허브

허브는 요리에 소량만 들어가기 때문에 팩으로 샀다가 다 쓰지 못하고 썩히는 아까운 경험을 한 번쯤 해봤을 거예요. 집에서 허브를 키우면 필요할 때 뜯어 쓸 수 있어 경제적이랍니다. 아래 허브들은 집에서 쉽게 키울 수 있고 쓰임새도 많아요. 인터넷에서 저렴한 가격의 허브 모종을 쉽게 구할 수 있어요.

1 이탤리언파슬리
이탈리아 요리에 두루 쓰이는 허브로 서양 요리 전반에 사용돼요. 일반적으로 사용하는 파슬리와 달리 잎이 쭉 뻗어 있어요. 줄기가 단단하고 빨리 자라기 때문에 식용으로 집에서 키우기 가장 쉬운 허브예요.

3 바질
파슬리와 함께 서양 요리에 많이 사용돼요. 하나의 줄기에 잎이 많이 달리기 때문에 수확해서 페스토를 만들거나 장식용으로 써요. 특히 토마토나 가지와 궁합이 좋아요.

5 고수
동남아 요리 대부분에 곁들여져요. 요리 안에 다져 넣거나 위에 장식으로 뿌리기 좋아요. 고수를 계속 키우면 꽃이 피는데 이후로는 수확이 불가능하니 바로바로 뜯어 먹어야 해요.

2 민트
시원한 향이 좋은 민트는 집에서 많이 키우는 허브 중 하나로 모히토 재료로 유명하죠. 동남아 요리에 곁들이면 상쾌한 맛을 더할 수 있어요. 번식력이 좋아 금방 수확이 가능해요.

4 로즈메리
고기를 많이 먹는다면 꼭 갖춰야 할 허브예요. 풍미와 향을 더해주며, 물에 레몬과 함께 넣어두면 은은한 향이 나는 로즈메리 워터를 만들 수 있어요.

6 타임
프랑스 요리에 자주 활용되는 허브예요. 고기나 생선 요리에 향을 더해주며, 장식용으로도 좋아요.

양념과 향신료

양념 : 우리나라 음식에 더해져 맛을 살려주는 외국 양념들이 많아요. 흔히 사용하는 굴소스도 중국 재료랍니다.

1 칠리오일
빨간 고추로 만든 기름으로 마늘과 함께 볶아 향을 내는 데 사용하거나 요리 위에 소량을 뿌려 풍미를 더해요.

2 두반장
콩으로 만든 매콤한 중국 소스로 사천요리 재료에서 빠지지 않아요.

3 해선장
대두를 발효시켜 만든 달콤한 소스예요. 중식 볶음 요리에 두루 활용되며 북경오리를 찍어 먹기도 해요. 중식 외에 쌀국수에 흔히 곁들여 먹는 소스이기도 해요.

4 액상 치킨스톡
물에 희석해 사용하는 농축액 형태로 보관이 편리하고 농도 조절이 쉬워요. 중식, 양식에 두루 사용하는 재료예요. 음식에 감칠맛을 더해줘 파스타를 만들 때 소량 추가하면 맛을 더욱 살릴 수 있답니다.

5 굴소스
대표적인 중국 소스로 어느 요리에나 잘 어울리는 만능 소스예요. 너무 많이 넣으면 짜므로 양 조절을 잘해야 돼요.

6 토마토페이스트
토마토를 장시간 끓여 농축시킨 소스로 토마토가 들어가는 요리에 함께 사용하면 너욱 신한 맛을 낼 수 있어요.

7 코코넛오일
코코넛에서 추출한 기름으로 은은한 코코넛 향을 지니고 있어요. 많은 포화 지방산이 함유돼 있어 장기간 상온 보관이 가능해요.

8 토마토홀
토마토를 사용하기 편하도록 껍질을 벗겨 과육 부분만 통조림 형태로 만든 제품이에요.

9 올리브오일
올리브 열매에서 얻은 식물성 기름으로 이탈리아 요리에 빠지지 않고 사용되며 샐러드 드레싱 재료로도 많이 활용돼요.

10 스리라차소스
만능 소스라 불리는 칠리소스로 감칠맛 나는 매콤함을 더해줘요. 마요네즈에 섞어 소스로 먹거나 고추장에 소량 섞어 사용해도 좋아요.

11 스위트칠리소스
달콤한 칠리소스로 기름진 튀김 음식이나 월남쌈에 잘 어울려요.

12 피시소스
동남아 요리에 두루 사용되는 액젓으로 시판 멸치액젓으로 대체 가능해요.

13 케찹마니스
인도네시아의 간장으로 달콤하고 걸쭉한 시럽 형태 소스예요. 볶음밥이나 볶음면 소스로 활용하면 좋아요.

14 쯔유
다시간장으로 소바나 우동 국물, 조림, 전골 등 일본 요리에 두루 활용돼요.

15 우스터소스
시큼하며 다양한 풍미를 가진 영국 소스로 고기육수의 소스를 만들 때 많이 사용돼요. 일본 요리에서도 햄버그스테이크나 야키소바 등의 소스로 쓰여요.

16 액상 비프스톡
물에 희석해 사용하는 농축액 형태로 보관이 편리하고 육수의 농도를 조절하기 쉬워요. 구수한 맛을 더해줘 스프나 소스 베이스로 사용하면 좋아요.

17 타히니
참깨를 갈아 만든 걸쭉한 소스로 일본에서는 네리고마, 중국에서는 지마장으로 불려요. 후무스의 재료 중 하나이며 중국식 샤부샤부인 훠궈의 소스로도 활용돼요.

향신료 : 생허브를 구입하기 힘들면 말린 허브를 이용해요. 소용량으로 구입이 가능해 허브를 자주 사용하지 않더라도 부담 없이 부엌 한 켠에 두고 사용할 수 있어요.

1 팔각
별 모양의 중국 향신료로 고기의 잡내를 제거하고 독특한 향을 더해줘요.

2 커리파우더
울금, 마늘, 생강 등을 섞어 만든 카레 향이 나는 가루예요.

3 파슬리가루
파슬리를 말려 만든 가루로 서양 요리 전반에 사용되며 장식용으로 뿌려도 좋아요.

4 파프리카가루
파프리카를 말린 다음 갈아 만든 향신료로 매운맛보다는 단맛이 더 나요.

5 타임가루
타임잎을 말린 것으로 생허브 대용으로 쓸 경우 용량을 1/3 정도로 줄여 사용해요.

6 딜가루
상쾌한 맛을 내는 향신료로 시큼한 음식인 피클, 오이, 요거트 등과 잘 어울려요.

7 바닐라익스트랙트
베이킹 재료로 반죽에 바닐라 향을 더하고자 할 때 1~2방울 넣어요.

8 페퍼론치노
이탈리아식 건고추로 크기는 작지만 입안이 얼얼할 정도로 매운 향을 더해줘요. 베트남고추를 대신 사용해도 좋아요.

9 커민가루
중동 음식에 많이 사용되는 향신료로 양고기, 카레 등에 잘 어울려요.

10 월계수
월계수잎을 말린 것으로 고기의 잡내를 제거하고 국물 있는 요리에 넣으면 특유의 향을 더해줘요.

11 정향
정향나무의 꽃봉오리를 건조한 것으로 상쾌한 맛과 향을 더해줘요.

12 너트메그
육류나 생선 요리의 잡내를 제거하는 용도로 많이 사용돼요.

13　　　　칠리파우더
말린 고추를 갈아 커민가루, 갈릭파우더 등을 더해 만든 향신료로 멕시코 요리에 많이 사용돼요.

14　　　　오향가루
중국 요리를 대표하는 다섯 가지 향신료를 섞어 만든 것으로 향이 매우 강하기 때문에 소량만 사용해야 돼요.

15　　　　건오레가노
지중해 요리에 두루 사용되는 향신료로 풍부한 향을 자랑해요. 고기를 재우거나 피자, 파스타의 소스에 넣기도 해요.

16　　　　건로즈메리
로즈메리잎을 말린 것으로 고기나 생선을 재우는 용도로 활용해요.

17　　　　생강가루
생강을 말려 간 것으로 생강즙 대신 소량을 넣어 사용할 수 있어요.

18　　　　흑후추
통후추를 굵은 입자로 간 것으로 매콤함과 향이 백후추보다 더 강해요.

수란 만들기

Ingredient

달걀 2개, 물 적당량, 식초 1큰술(선택)

Recipe

1. 냄비에 물을 반 정도 차게 담고 끓인 다음 기포가 일어나지 않도록 약불로 낮춰요.
   식초를 1큰술 정도 추가하면 흰자가 응고되는 것을 도와줘요.
2. 작은 접시에 달걀을 1개씩 미리 깨뜨려둬요.
3. 냄비의 물을 숟가락으로 테두리를 따라 3~4번 저어 소용돌이를 만들어요.
4. 3에 달걀을 부어 넣어요.
5. 달걀을 3분 정도 익히고 노른자가 더 익지 않도록 건져 찬물에 담가둬요.

Food Trip

1.

익숙하고
맛있는

한식
중식
일식

Japan 01

일본 편의점에는 맛있고 다양한 먹거리가 가득하죠. 그중에서도 가쓰산도는 달달한 돈가스소스와 아삭아삭한 양배추의 맛이 잘 어우러져 아주 매력적이랍니다.

일본 편의점의 별미 돈가스샌드위치

가쓰산도

Ingredient

(1인분) 식빵 2장, 양배추 1~2장, 돈가스소스 1~2큰술, 식용유 적당량
[돈가스] 돼지고기(돈가스용 등심) 1장, 달걀 1개, 밀가루 1/4컵, 빵가루 1/2컵, 소금 조금, 후춧가루 조금

Cooking Tip

돈가스는 두툼한 고기로 만들어야 맛과 식감이 살아요.

시판 냉동돈가스를 사용해도 좋아요.

Recipe

1. 양배추를 채썬다. 돼지고기를 소금과 후춧가루로 간한다.
2. 달걀을 풀어 달걀물을 만든다. 밑간한 돼지고기를 밀가루-달걀물-빵가루 순으로 입힌다.
3. 식용유를 넉넉히 부어 달군 팬에서 돼지고기를 앞뒤로 노릇노릇하게 튀기고 키친타월에 올려 기름기를 뺀다.
4. 식빵 두 장의 한 면에 각각 돈가스소스를 바르고 식빵 한 장의 소스를 바른 면에 돈가스와 양배추를 올린다.
5. 나머지 식빵 한 장의 소스를 바른 면이 아래로 가게 해서 4를 덮는다.
6. 식빵의 테두리를 잘라내고 먹기 좋은 크기로 썬다.

②

③

④

Japan 02

으깬 감자에 튀김옷을 입혀 튀겨내는 감자고로케는 프랑스의 크로켓을 일본 식으로 변형시킨 거예요. 채소와 고기가 더해져 식사 대용으로도 그만이에요.

일본식 크로켓

감자고로케

Ingredient

[4개 분량] 소고기(다짐육) 60g, 감자 2개, 다진 양파 35g, 다진 당근 35g, 빵가루 1컵, 밀가루 2큰술, 식용유 적당량, 소금 조금, 후춧가루 조금

[달걀옷] 달걀 1/2개, 물 1과1/2큰술, 마요네즈 1/2큰술

Recipe

1. 달군 팬에 식용유를 두르고 양파와 당근을 넣어 볶는다.
2. 양파와 당근이 익으면 소고기를 넣어 주걱으로 으깨어가며 볶고 소금과 후춧가루로 간한다.
3. 감자의 껍질을 벗겨 큼직하게 썰고 끓는 물에 10분 정도 삶는다.
4. 감자를 매셔나 포크로 으깨고 **2**를 섞은 다음 타원형으로 빚는다.
5. 볼에 달걀옷 재료를 섞는다. 감자에 밀가루를 살짝 입히고 달걀옷에 담근 다음 빵가루를 입힌다.
6. 식용유를 넉넉히 부어 달군 팬에서 감자를 앞뒤로 노릇노릇하게 튀긴다.

China

03

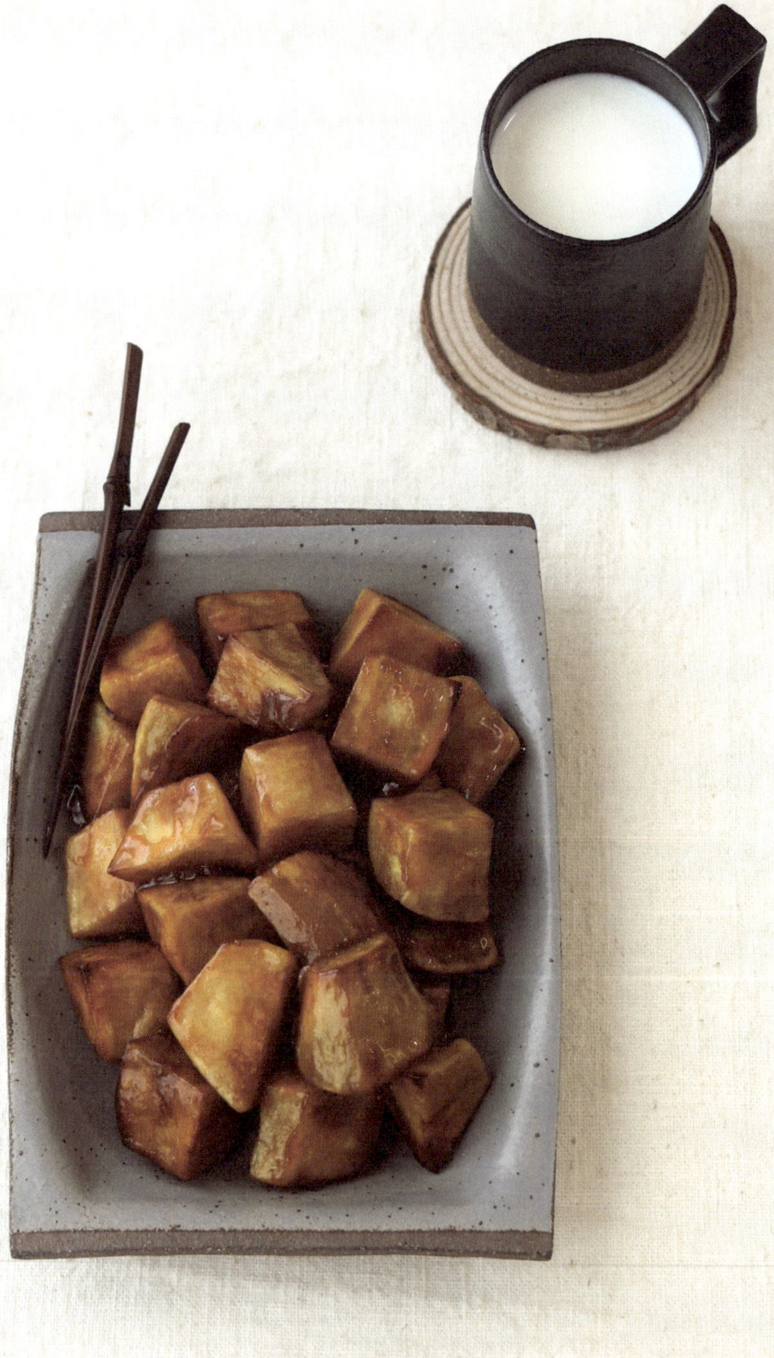

지리적으로 가까운 우리나라, 중국, 일본은 서로 닮은 음식들이 많은데 중국의 맛탕인 빠스도 그중 하나예요. 단, 우리나라 맛탕과 달리 손에 묻지 않고 겉면이 사탕처럼 바삭바삭해요.

손에 들러붙지 않는 중국식 맛탕

고구마빠스

Ingredient

[2인분] 고구마 2개, 식용유 적당량
[설탕코팅] 설탕 2큰술, 꿀(또는 올리고당) 2큰술, 식용유 2큰술

Cooking Tip

설탕코팅 재료를 젓가락이나 주걱으로 저으며 끓이면 설탕코팅이 딱딱하게 굳으니 갈색이 충분히 나기 전까지는 건드리지 않아요.

설탕코팅이 굳기 전에 먹으면 바삭바삭하지 않고 입속에 끈적하게 늘러붙으니 충분히 식혀서 먹어요.

Recipe

1. 고구마의 껍질을 벗겨 먹기 좋은 크기로 썰고 찬물에 10분 정도 담가 녹말기를 뺀다.
2. 고구마를 건져 물기를 빼고 식용유를 넉넉히 부어 달군 팬에서 노릇노릇하게 튀긴다.
   에어프라이어를 사용할 경우 고구마에 식용유 2큰술을 넣고 버무린 다음 180도에서 10~15분간 튀겨요.
3. 팬에 설탕코팅 재료를 넣고 중약불에서 갈색이 돌 때까지 끓인다.
4. 튀긴 고구마를 3에 넣고 굴려가며 설탕코팅을 입힌다.
5. 도마에 유산지를 깔고 빠스를 하나씩 올린 다음 설탕코팅이 굳을 때까지 충분히 식힌다.

①

④

⑤

소고기와 양파만으로 뚝딱 만들 수 있는 규동은 우리나라의 불고기덮밥과 비슷해요. 쉽고 간편하게 해 먹을 수 있어 한 끼 식사로 아주 좋아요.

일본식 소고기덮밥

규동

Ingredient

[2인분] 밥 2공기, 소고기 200g, 달걀노른자 2개, 양파 1개, 쪽파 1대, 통깨(또는 검은깨) 조금
[다시물] 물 1컵, 다시마(우표 크기) 1장
[양념] 청주 1큰술, 맛술 1큰술, 간장 2와1/2큰술, 설탕 1큰술, 생강가루 1/2작은술

Recipe

1. 양파를 채썰고 쪽파를 송송 썬다.
2. 키친타월로 소고기의 핏물을 제거하고 먹기 좋은 크기로 썬다.
3. 냄비에 물과 다시마를 넣고 물이 끓어오르면 다시마를 건져낸다.
4. 다시물에 양념 재료를 넣고 끓이다가 양파를 넣어 부드러워질 때까지 끓인다.
5. 소고기를 넣고 국물이 적당히 졸아들 때까지 끓인다.
6. 밥에 소고기를 올리고 가운데에 달걀노른자를 올린 다음 쪽파와 통깨를 뿌린다.

④
⑤
⑥

Korea
05

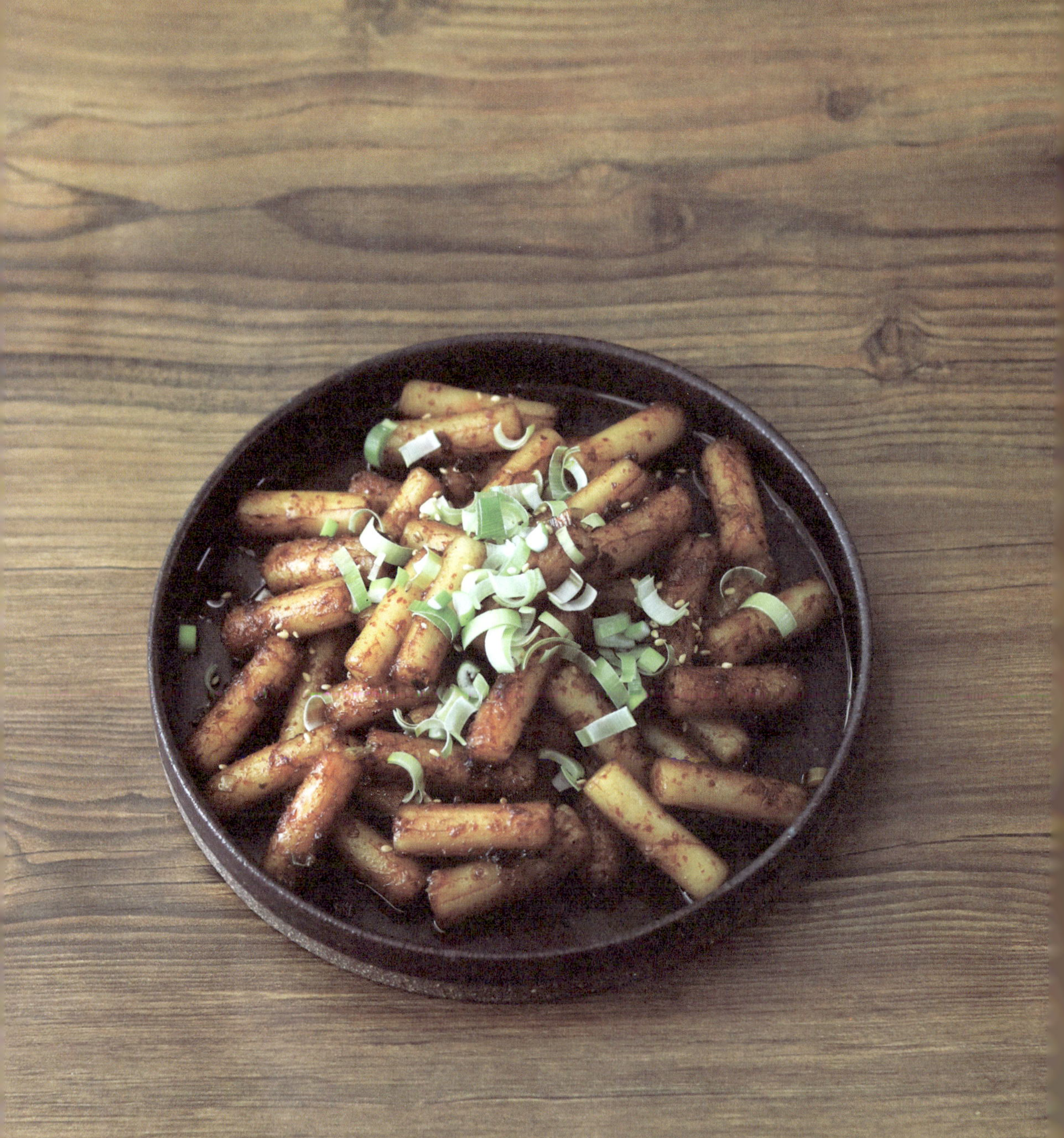

서울 시내 한복판에 자리한 통* 시장에서 맛볼 수 있는 기름떡볶이예요. 국물 없이 볶아내 바삭하고 쫄깃한 기름떡볶이는 남녀노소 누구나 좋아하는 인기 메뉴랍니다.

서울 전통 시장의 명물

기름떡볶이

Ingredient

[2인분] 떡볶이떡 300g, 대파 20cm, 식용유 3큰술, 통깨 조금
[양념] 고춧가루 1과1/2큰술, 간장 1과1/2큰술, 설탕 1큰술, 참기름 1큰술

Cooking Tip

냉동떡은 물에 살짝 불려 사용해요.

Recipe

1. 대파를 잘게 다진다.
2. 볼에 양념 재료를 넣어 섞는다.
3. 떡볶이떡에 대파와 양념을 넣어 버무린다.
   대파 1큰술을 토핑용으로 남겨놔요.
4. 달군 팬에 식용유를 두르고 3을 넣은 다음 겉면이 살짝 눌어붙을 정도로 볶는다.
5. 그릇에 떡볶이를 담고 남은 대파와 통깨를 뿌린다.

Korea
06

학창 시절 추억의 길거리토스트를 만들어봐요. 길거리토스트의 오믈렛에 들어 있는 아삭아삭한 양배추 맛은 일품이죠. 케첩 듬뿍, 설탕 솔솔 명불허전 최고의 간식이에요.

대한민국 대표 간식

길거리토스트

Ingredient

[2개 분량] 식빵 4장, 달걀 3개, 슬라이스햄 2장, 슬라이스치즈 2장, 대파 10cm, 양배추 40g, 당근 30g, 양파 30g, 버터 적당량, 케첩 적당량, 식용유 조금, 소금 조금, 후춧가루 조금
[선택] 설탕 적당량

Cooking Tip

사각 틀이 있으면 오믈렛을 더 쉽게 만들 수 있어요.

Recipe

1. 대파, 햄, 양배추, 당근, 양파를 잘게 다진다.
2. 볼에 달걀을 풀고 1의 재료를 섞은 다음 소금과 후춧가루로 간한다.
3. 달군 팬에 식용유를 살짝 두르고 2를 반으로 나눠 각각 사각형으로 부친다.
4. 달군 팬에 버터를 녹이고 식빵을 앞뒤로 노릇노릇하게 굽는다.
5. 식빵 한 장에 3의 오믈렛과 치즈를 올리고 케첩을 뿌린다. 취향에 따라 설탕을 뿌린다.
6. 다른 식빵 한 장으로 5를 덮는다.

Korea 07

김치볶음밥은 냉장고에 마땅한 재료가 없을 때 만만하게 해 먹기 좋아요. 반숙으로 구운 달걀을 올리면 반찬도 필요 없죠. 재료 하나만 추가해도 근사한 김치볶음밥을 만들 수 있어요.

간단하면서도 맛집 스타일로 예쁘게

김치볶음밥

Ingredient

(1인분) 찬밥 1공기, 김치 1컵, 베이컨(두툼한 것) 1줄, 달걀 1개, 김칫국물 2큰술, 설탕 1/2작은술, 버터 1/2큰술, 후리가케 조금, 루콜라 조금

Cooking Tip

베이컨은 캔햄이나 분홍소시지로 대체할 수 있으며 먹다 남은 삼겹살을 활용해도 좋아요.

Recipe

1. 김치와 베이컨을 잘게 다진다.
2. 달군 팬에 베이컨을 볶다가 김치와 설탕을 넣어 볶는다.
3. 찬밥을 넣고 섞은 다음 김칫국물을 넣어 국물이 밥알에 골고루 배어들도록 볶는다.
4. 버터를 넣어 섞는다.
5. 달걀을 프라이한다.
6. 그릇에 김치볶음밥을 담고 달걀프라이, 후리가케, 루콜라를 올린다.

②  ④  ⑥

꽁빠오지띵은 세계적으로 인기 있는 사천요리 중 하나로 '쿵파오치킨'으로도 잘 알려져 있어요. 사천성 총독이었던 정보정이 만들었는데 '꽁빠오'는 그의 관직명에서 비롯됐다고 해요.

중국인이 사랑하는 닭고기 요리

꽁빠오지띵

Ingredient

[2인분] 닭가슴살 250g, 피망(초록, 빨강) 각 1/2개, 건고추 2개, 캐슈너트(또는 땅콩) 4큰술, 다진 마늘 1작은술, 후춧가루 조금, 식용유 조금
[양념] 간장 1과1/2큰술, 물 2큰술, 식초 1큰술, 녹말 1작은술, 꿀 1/2큰술, 참기름 1/2작은술, 다진 생강 1/4작은술, 후춧가루 조금

Recipe

1. 피망, 닭고기, 건고추를 먹기 좋은 크기로 썬다.
2. 볼에 양념 재료를 넣어 섞는다.
3. 달군 팬에 식용유를 살짝 두르고 닭고기를 볶은 다음 덜어둔다.
4. 3의 팬에 식용유를 살짝 더 두르고 다진 마늘을 볶아 향을 낸 다음 피망, 건고추, 캐슈너트를 넣어 볶는다.
5. 2의 양념을 넣고 졸이다 덜어둔 닭고기를 섞은 다음 후춧가루를 살짝 뿌려 볶는다.

47

Korea

09

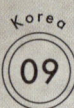

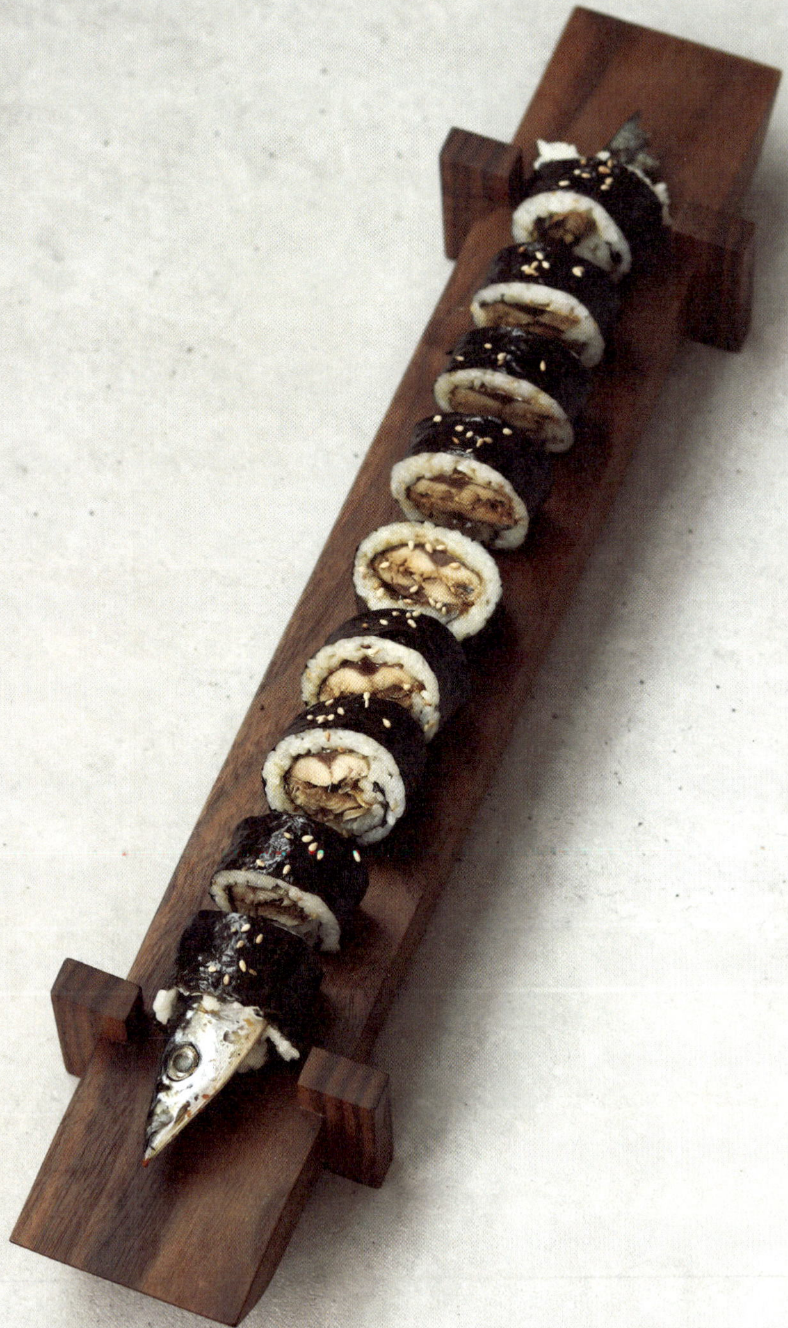

꽁치김밥은 먹거리 천국 제주도에서만 볼 수 있는 이색 음식으로 꽁치 한 마리가 통째로 들어가는 고소하고 담백한 김밥이랍니다. 꽁치를 데리야키소스에 졸여 전혀 비리지 않아요.

제주도에서만 맛볼 수 있는 이색 김밥

꽁치김밥

Ingredient

[1줄 분량] 김(김밥용) 1장, 밥 작은 1공기, 꽁치 1마리, 청주 1큰술, 식용유 조금, 소금 조금, 후춧가루 조금
[밥양념] 참기름 1작은술, 소금 1/4작은술, 통깨 1/2작은술
[양념] 간장 1과1/2큰술, 물 2큰술, 설탕 1/2큰술, 다진 마늘 1/2작은술
[선택] 마요네즈 적당량

Recipe

1. 꽁치를 반으로 가르고 내장과 잔뼈를 제거한 다음 청주, 소금, 후춧가루로 간한다.
2. 달군 팬에 식용유를 살짝 두르고 꽁치를 앞뒤로 노릇노릇하게 구운 다음 양념 재료를 넣어 양념이 배어들도록 졸인다.
3. 따뜻한 밥에 밥양념 재료를 넣어 섞는다.
4. 김밥말이에 김을 올리고 밥을 김의 3/4 정도까지 평평하게 깐다.
5. 꽁치를 올리고 단단하게 만다. 취향에 따라 꽁치에 마요네즈를 뿌린다.
6. 김밥 겉면에 참기름을 바르고 먹기 좋은 크기로 썬다.

Japan
10

이름만 들으면 정통 이탈리아 요리 같지만 일본식 스파게티랍니다. 케첩을 넣어 달짝지근한 맛이 나며 일본 음식점이나 편의점 등에서 두루 찾아볼 수 있어요.

토마토소스 대신 토마토케첩으로

나폴리탄스파게티

Ingredient

[1인분] 파스타면 80g, 소시지 1개, 달걀 1개, 양송이버섯 2개, 피망(초록) 1/4개, 양파 1/4개, 마늘 1쪽, 토마토케첩 4큰술, 우유 1큰술, 버터 1/2큰술, 올리브오일 1/2큰술, 파르메산치즈가루 적당량, 소금 조금, 후춧가루 조금

Recipe

1. 소시지와 양송이버섯을 슬라이스한다. 피망과 양파를 굵게 채썬다. 마늘을 편썬다.
2. 끓는 물에 소금을 조금 넣고 파스타면을 조리 시간보다 1~2분 정도 덜 삶아 준비한다.
3. 달군 팬에 올리브오일과 버터를 넣고 버터가 녹으면 마늘과 양파를 넣어 볶는다.
4. 피망, 양송이버섯, 소시지를 넣어 볶는다.
5. 토마토케첩, 우유, 면수(1~2큰술)를 넣고 살짝 끓인다. 면을 섞고 후춧가루로 간한다.
6. 달걀을 프라이한다. 그릇에 스파게티를 담고 달걀프라이를 올린 다음 파르메산치즈가루를 뿌린다.

데리야키의 '데리'는 소스를 바르고 구워 윤기를 낸다는 의미를 가지고 있어요. 소스를 따로 내면 닭고기의 바삭바삭함을 즐길 수 있지만, 취향에 따라 구운 닭고기를 소스에 졸여도 좋아요.

간장소스를 바른 닭고기덮밥

데리야키치킨덮밥

Ingredient

[2인분] 밥 2공기, 닭다리살 300g, 브로콜리 적당량, 통깨 조금, 식용유 조금, 소금 조금

[데리야키소스] 간장 2큰술, 맛술 2큰술, 물 1/4컵, 설탕 1큰술

Recipe

1. 끓는 물에 소금을 조금 넣고 브로콜리를 데친다.
2. 팬에 데리야키소스 재료를 넣고 끓이다 불을 줄인 다음 살짝 걸쭉해지도록 조금 더 끓인다.
3. 달군 팬에 식용유를 살짝 두르고 닭고기의 껍질이 아래로 가게 해서 노릇노릇하게 구운 다음 뒤집어 반대쪽도 익힌다.
4. 닭고기를 살짝 식히고 먹기 좋은 크기로 썬다.
5. 그릇에 밥을 담고 닭고기와 브로콜리를 올린 다음 데리야키소스와 통깨를 뿌린다.

Japan 12

소고기가 많이 들어가는 우리나라의 국과 달리 일본의 국에는 돼지고기가 두루 활용돼요. 돼지고기와 함께 곤약, 당근 등 다양한 채소가 들어가는 게 특징이에요.

돼지고기를 넣은 된장국

돈지루

Ingredient

(2인분) 대패삼겹살 150g, 무 100g, 감자 1개, 우엉 40g, 대파(흰 부분) 1대, 당근 1/2개, 곤약 1/2개, 미소된장 2와1/2큰술, 물 3과1/2컵, 다시마(10×10cm) 1장

Recipe

1. 무를 나박썬다. 감자를 4등분한다. 우엉의 껍질을 벗기고 슬라이스한다. 곤약을 무와 비슷한 크기로 자른다. 대파를 송송 썬다. 당근을 모양 내서 자른다.
2. 물에 다시마를 넣어 끓이다가 물이 끓어오르면 다시마를 건져낸다.
3. 당근, 감자, 곤약, 무, 우엉을 넣고 부드러워질 때까지 끓인다.
4. 돼지고기를 넣어 끓인다.
5. 돼지고기 겉면의 색이 바뀌면 미소된장을 풀고 대파를 넣어 더 끓인다.

China 13

동파육은 소동파가 항저우에서 벼슬을 할 때 주민들에게 자신이 개발한 방법으로 고기를 조리해준 데서 그 이름이 유래했어요. 다양한 향신료를 넣고 졸여 향과 색이 매우 먹음직스럽답니다.

소동파의 마음이 깃든 중국식 수육

동파육

Ingredient

[2~3인분] 돼지고기(수육용) 500g, 청경채 5포기, 흑설탕 2큰술, 식용유 2큰술, 소금 조금
[조림장] 대파 1대, 통후추 5알, 생강 1쪽, 팔각 1개, 건고추 1개, 마늘 3쪽, 물 2컵, 간장 3큰술, 청주 2큰술
[녹말물] 녹말 1큰술, 물 1큰술

Cooking Tip

팔각은 중국 요리에서 자주 쓰이는 향신료로 고기의 잡내를 제거하고 독특한 향을 더해주지만 구할 수 없으면 생략해도 괜찮아요.

Recipe

1. 팬에 식용유와 흑설탕을 넣어 녹이고 돼지고기를 넣어 설탕옷이 골고루 입혀지게 돌려가며 강불에서 굽는다. 구운 돼지고기를 얼음물에 잠시 담가둔다.
2. 냄비에 조림장 재료와 돼지고기를 넣어 고기가 익고 조림장이 1/3 정도로 줄어들 때까지 중약불에서 끓인다.
3. 고기와 나머지 재료를 건져내고 녹말물을 넣은 다음 살짝 더 끓여 걸쭉한 소스를 만든다.
4. 끓는 물에 소금을 넣고 청경채를 살짝 데친 다음 물기를 뺀다.
5. 청경채를 4등분으로 잘라 동그랗게 둘러 담고 돼지고기를 두툼하게 썰어 가운데에 올린 다음 3의 소스를 뿌린다.

57

Korea
14

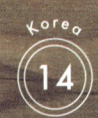

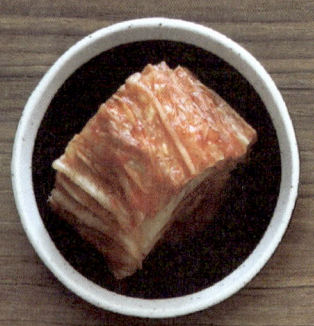

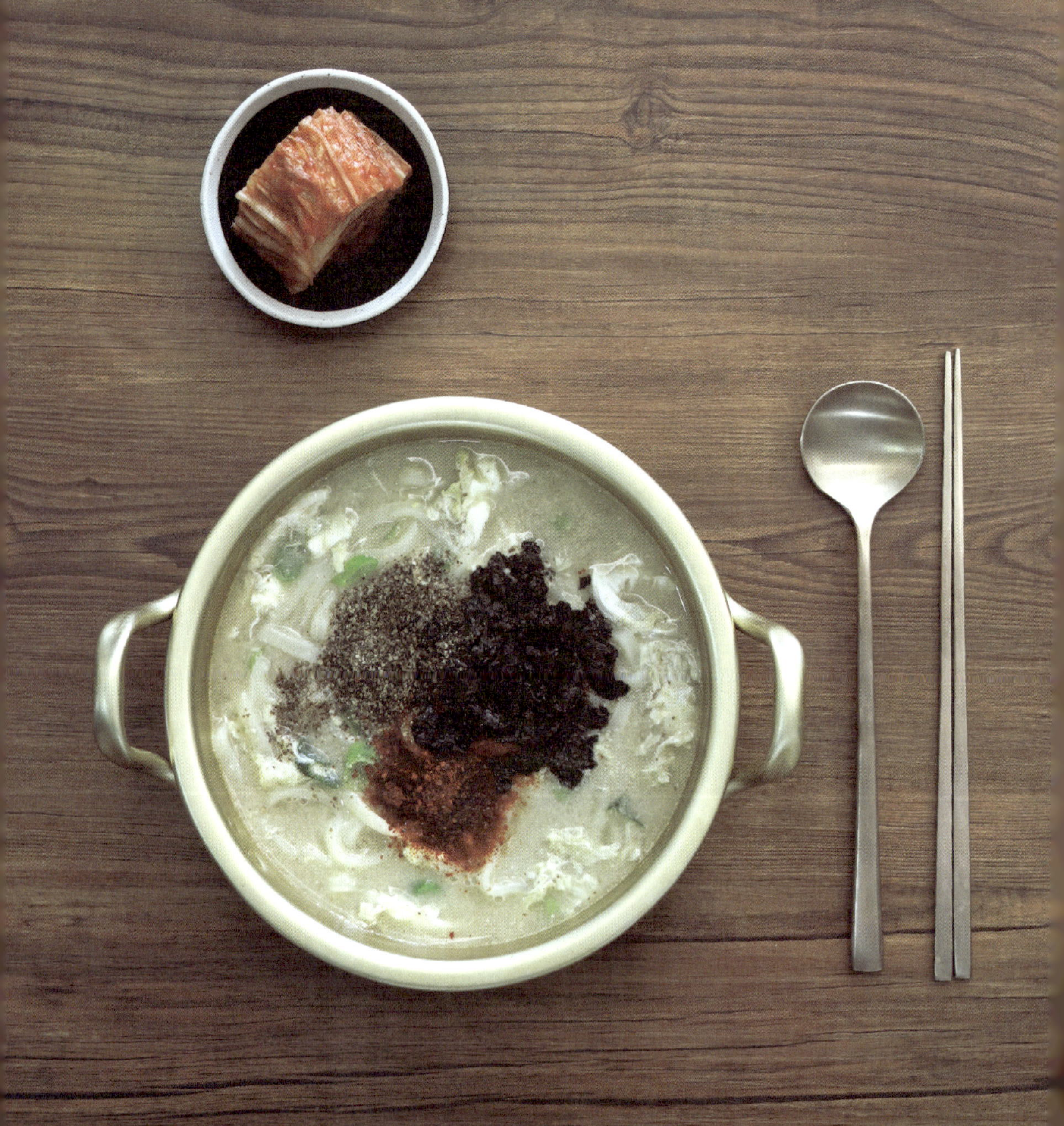

먹거리가 가득한 전라북도, 그중에서도 전주의 명물 칼국수에 대해 한 번쯤 들어봤을 거예요. 들깻가루와 멸치육수만 준비하면 원조의 맛 그대로 집에서 만들어 먹을 수 있답니다.

줄 서서 먹는 맛 그대로

들깨칼국수

Ingredient

[2인분] 칼국수면 300g, 들깻가루 1/2컵, 달걀 1개, 대파 15cm, 국간장 1큰술
[멸치다시마육수] 물 6컵, 멸치(육수용) 1줌, 다시마(10×10cm) 1장
[고명] 김가루 조금, 고춧가루 조금, 들깻가루 조금

Cooking Tip

칼국수면의 겉에 묻어 있는 밀가루를 잘 털어내고 사용해야 국물이 탁하지 않아요.

Recipe

1. 대파를 어슷썰고 볼에 달걀을 푼다.
2. 물에 멸치와 다시마를 넣어 끓이다가 물이 끓어오르면 다시마를 건져내고 15분간 더 끓인다.
3. 멸치를 건져내고 들깻가루를 넣어 끓인다.
4. 칼국수면을 물에 한 번 헹구고 3에 넣어 끓인 다음 국간장으로 간한다.
5. 대파와 풀어둔 달걀을 원을 그리듯이 둘러 넣고 조금 더 끓인다.
6. 그릇에 면과 국물을 나눠 담고 김가루, 고춧가루, 들깻가루를 올린다.

China 15

두부를 튀기거나 볶고 면을 만드는 등 중국에는 다양한 두부 요리가 있어요.
량반두부는 차갑게 식힌 두부에 매콤한 소스를 곁들여 먹는 요리예요.

차갑게 식혀 먹는 두부 요리

량반두부

Ingredient

[2인분] 연두부 1모, 쪽파 1대, 다진 마늘 2작은술, 통깨 조금
[양념] 간장 1큰술, 두반장 1큰술, 참기름 1작은술, 설탕 1/2작은술
[선택] 고수 적당량

Recipe

1. 쪽파를 송송 썬다.
2. 볼에 양념 재료, 다진 마늘 1작은술, 쪽파 1큰술을 넣어 섞는다.
3. 연두부를 두툼하게 썰고 접시에 담는다.
4. 2의 양념을 연두부 위에 뿌린다.
5. 다진 마늘 1작은술을 올리고 남은 쪽파와 통깨를 뿌린다. 취향에 따라 고수를 곁들인다.

China 16

중국 8대 요리인 광동 요리는 해외 교류가 많은 지역적 특성으로 서양의 영향을 많이 받았어요. 레몬크림새우는 대표적인 광동 요리로 일반적인 중식 재료가 아닌 마요네즈가 들어가요.

세계적으로 사랑받는 광동 요리

레몬크림새우

Ingredient

(2인분) 냉동새우(중하) 12~15마리, 튀김가루 1컵, 찬물(또는 탄산수) 1/2컵, 레몬 1/2개

[소스] 마요네즈 4큰술, 꿀 1/2큰술, 연유 1큰술, 레몬즙 1큰술

호두를 설탕에 살짝 졸여 곁들여도 좋아요.

Recipe

1. 볼에 튀김가루와 찬물을 넣고 섞어 걸쭉한 튀김옷을 만든다. 새우의 머리, 내장, 껍질을 제거하고 튀김옷을 골고루 입힌다.
2. 식용유를 넉넉히 부어 달군 냄비에 1의 새우를 넣어 튀김옷이 단단하게 굳고 하얗게 변할 정도로 튀긴다. 새우를 꺼내 잠시 키친타월에 올려둔다. 기름의 온도가 오르면 다시 새우를 넣어 한 번 더 바삭바삭하게 튀긴다.
3. 팬에 소스 재료를 넣고 약불에서 설탕이 녹을 때까지 저어가며 끓인다.
4. 볼에 튀긴 새우를 넣고 3의 소스를 부어 버무린다.
5. 레몬을 슬라이스하거나 웨지썰기한다.
6. 접시에 새우를 담고 레몬을 곁들여 낸다.

China

17

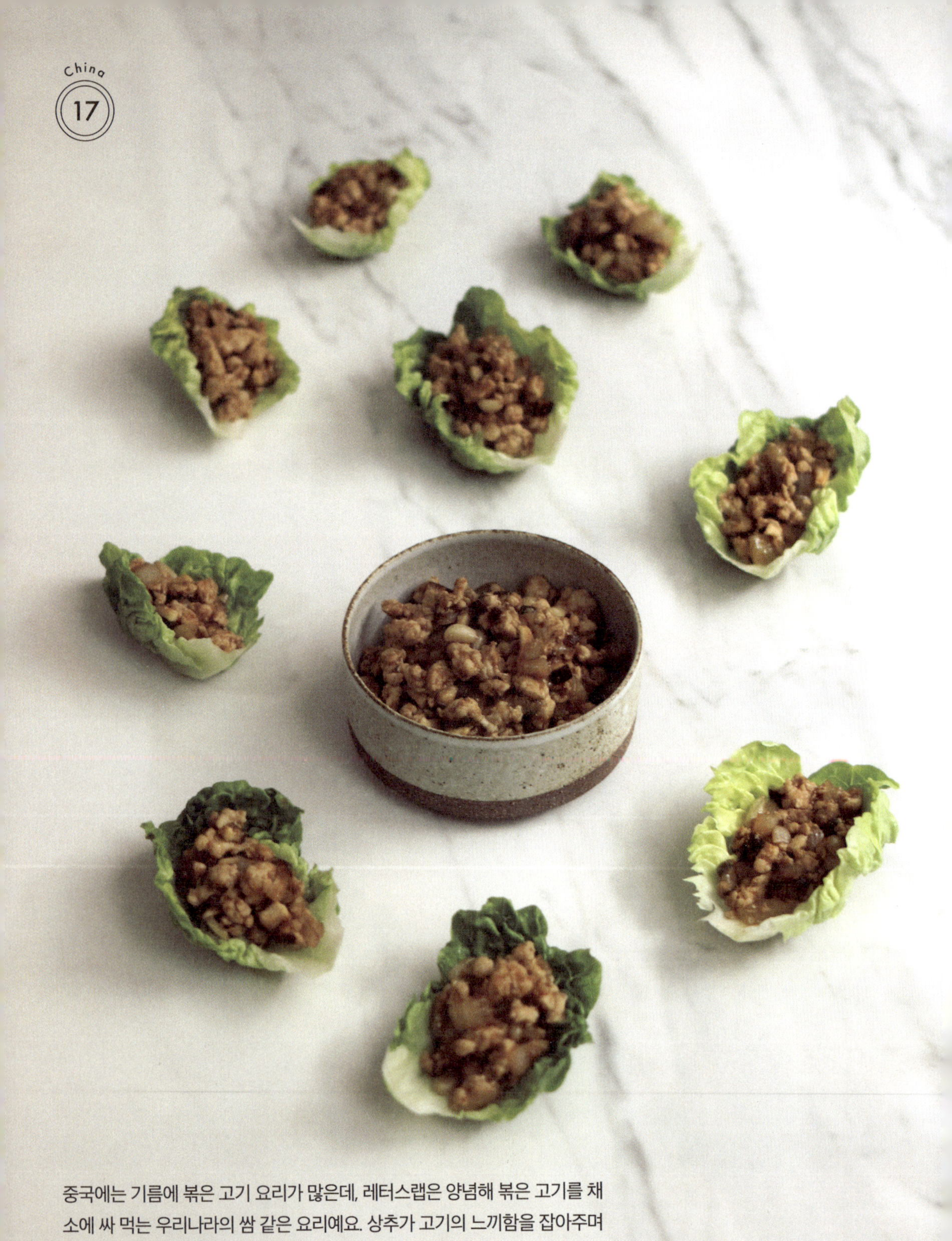

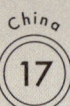

중국에는 기름에 볶은 고기 요리가 많은데, 레터스랩은 양념해 볶은 고기를 채소에 싸 먹는 우리나라의 쌈 같은 요리예요. 상추가 고기의 느끼함을 잡아주며 아삭아삭한 식감이 좋은 요리랍니다.

중국식 고기쌈 요리

레터스랩

Ingredient

[2~3인분] 닭가슴살 250g, 버터헤드레터스(또는 양상추) 적당량, 표고버섯 2개, 양파 1/2개, 쪽파 1대, 볶은 잣 2큰술, 식용유 조금, 소금 조금, 후춧가루 조금
[소스] 해선장 2큰술, 간장 1/2큰술, 다진 마늘 1/2큰술, 다진 생강 1/2큰술, 물 2큰술, 청주 1/2큰술
[선택] 스리라차소스 1/2작은술

Recipe

1. 표고버섯과 양파를 잘게 다진다. 쪽파를 송송 썬다. 버터헤드레터스의 잎을 떼어 찬물에 잠시 담가둔다. 블렌더에 닭고기를 간다.
   버터헤드레터스를 찬물에 담가두면 아삭함을 살릴 수 있어요.
2. 볼에 소스 재료를 섞는다.
   매콤한 맛을 원할 경우 스리라차소스 1/2작은술을 추가해요.
3. 달군 팬에 식용유를 두르고 닭고기를 넣어 주걱으로 으깨어가며 볶는다.
4. 닭고기가 하얗게 익으면 표고버섯과 양파를 넣고 볶다가 2의 소스를 넣어 섞어가며 볶는다.
5. 고기가 다 익으면 쪽파와 잣을 넣고 섞은 다음 소금과 후춧가루로 간한다.
6. 버터헤드레터스에 5를 조금씩 떠 올린다.

China 18

마의상수는 직역하면 '나무를 올라가는 개미'라는 뜻으로 당면에 볶은 고기가 함께 있는 모양이 이와 비슷해서 이런 재미난 이름이 붙여졌다 해요.

화끈한 사천식 볶음면

마의상수

Ingredient

[1인분] 돼지고기(다짐육) 50g, 당면 60g, 쪽파 1대, 다진 생강 1작은술, 다진 마늘 1작은술, 치킨스톡 1컵, 두반장 1큰술, 간장 1/2큰술, 설탕 1/4작은술, 식용유 조금
[선택] 고수 적당량

Cooking Tip

돼지고기 대신 소고기를 사용해도 좋아요.

취향에 따라 고수를 곁들여요.

Recipe

1. 당면을 미지근한 물에 10분간 불린다.
2. 쪽파를 송송 썬다.
3. 달군 팬에 식용유를 두르고 다진 생강과 다진 마늘을 볶아 향을 낸 다음 두반장을 넣어 볶는다.
4. 돼지고기를 넣고 볶은 다음 치킨스톡, 간장, 설탕을 넣어 끓인다.
5. 4가 끓어오르면 당면과 쪽파를 넣고 1~2분간 볶는다.

①    ③    ⑤

사천요리는 다른 중국 음식과 달리 매콤하면서도 기름기가 덜해요. 마파두부만 있으면 밥 한 그릇을 뚝딱 해치울 수 있을 정도로 명실상부한 중국의 밥도둑이랍니다.

사천요리의 대표 주자

마파두부

Ingredient

[2인분] 연두부(큰 것) 1모, 돼지고기(다짐육) 150g, 대파 20cm, 쪽파 1대, 홍고추 1개, 다진 마늘 1큰술, 다진 생강 1작은술, 두반장 1과1/2큰술, 물 3/4컵, 굴소스 1큰술, 참기름 1작은술, 식용유 조금
[녹말물] 녹말 1큰술, 물 1큰술

Recipe

1. 연두부를 깍둑썬다. 대파와 쪽파를 송송 썬다. 홍고추의 씨를 빼고 다진다.
2. 달군 팬에 식용유를 두르고 대파, 다진 마늘, 다진 생강, 홍고추를 넣어 볶는다.
3. 두반장을 넣고 볶은 다음 돼지고기를 넣어 으깨어가며 볶는다
4. 물과 굴소스를 넣어 끓인다.
5. 두부를 섞고 녹말물을 풀어 넣어 걸쭉하게 만든 다음 쪽파와 참기름을 섞는다.

China 20

몽골리언비프는 미국식 중국 요리로 단지 고기를 몽골식으로 요리한 것뿐이랍니다. 짭짤하고 달콤한 소스와 따뜻한 밥이 찰떡궁합이에요.

단짠단짠 소스가 맛있는

몽골리언비프

Ingredient

[2인분] 소고기 250g, 녹말 2큰술, 대파(이파리 부분) 2대, 다진 마늘 1/2큰술, 다진 생강 1작은술, 간장 4큰술, 물 4큰술, 설탕 2큰술, 식용유 조금
[소고기양념] 간장 1작은술, 녹말가루 1큰술, 식용유 1작은술

Recipe

1. 대파를 어슷썰고 소고기를 한입 크기로 썬다.
2. 볼에 소고기양념 재료와 소고기를 넣어 섞는다.
3. 2의 소고기에 녹말가루를 살짝 입힌다.
4. 달군 팬에 식용유를 두르고 소고기를 앞뒤로 1분씩 구운 다음 덜어둔다.
5. 4의 팬에 마늘과 생강을 넣고 볶은 다음 간장, 물, 설탕을 넣어 끓인다.
6. 소고기를 다시 넣고 걸쭉해질 때까지 졸인 다음 대파를 넣어 재빨리 섞는다.

등*칼국수는 우리나라에 여러 지점이 있을 정도로 유명한 맛집이죠. 칼국수면을 다 먹은 다음 얼큰하고 시원한 국물에 밥을 볶아 먹거나 죽을 만들어 먹으면 최고예요.

칼칼한 국물에 버섯이 듬뿍

버섯샤부샤부칼국수

Ingredient

[2인분] 칼국수면 300g, 소고기(샤부샤부용) 120g, 느타리버섯 150g, 미나리 1줌, 양파 1/4개, 풋고추 1개

[멸치다시마육수] 물 6컵, 다시마(10×10cm) 1장, 멸치(육수용) 1줌

[다대기] 고추장 2큰술, 고춧가루 4큰술, 다진 마늘 1큰술, 국간장 2큰술

Cooking Tip

끓여낸 멸치다시마육수의 양이 5컵이 되지 않으면 물을 추가해요.

Recipe

1. 물에 다시마와 멸치를 넣고 끓이다가 물이 끓어오르면 다시마를 건져내고 15분간 더 끓인다.
2. 양파를 채썬다. 풋고추를 송송 썬다. 미나리와 소고기를 먹기 좋은 크기로 썬다. 느타리버섯을 손으로 먹기 좋게 뜯는다.
3. 볼에 다대기 재료를 넣어 섞는다. 냄비에 1의 육수를 5컵 붓고 다대기를 넣어 끓인다.
4. 양파와 소고기를 넣고 익힌 다음 느타리버섯을 넣어 조금 더 끓인다.
5. 칼국수면을 물에 한 번 헹군다.
6. 헹군 면을 4에 넣어 끓이다가 면이 거의 다 익으면 미나리와 고추를 넣는다.

①

④

⑥

Korea
22

비빔당면은 한국 전쟁 때 녹말로 국수를 만들어 먹던 데서 유래했어요. 시장 상인들의 한 끼를 해결해주던 간단하고 맛있는 국수가 지금은 꼭 먹어봐야 할 명물이 됐답니다.

KOREA

부산 남포동에 위치한 시장의 명물

비빔당면

Ingredient

(2인분) 당면 160g, 어묵(사각형) 2장, 단무지(김밥용) 3줄, 당근 1/3개, 시금치 1/4단, 참기름 조금, 소금 적당량, 식용유 조금, 김가루 적당량

[양념장] 간장 2큰술, 고춧가루 1큰술, 고추장 1큰술, 통깨 1큰술, 설탕 1큰술, 매실청 1큰술, 식초 1큰술, 다진 마늘 1/2큰술, 참기름 1큰술

Cooking Tip

냉장고 속 남은 김밥 재료를 활용해요.

Recipe

1. 볼에 양념장 재료를 섞는다.
2. 어묵을 살짝 데치고 채썬다. 단무지를 가로로 2등분하고 십자로 길쭉하게 썬다. 당근을 채썰고 식용유를 살짝 두른 팬에 볶은 다음 소금으로 간한다. 시금치를 데치고 참기름과 소금을 넣어 버무린다.
   시금치 대신 부추를 사용해도 좋아요.
3. 끓는 물에 당면을 넣어 6분간 끓이고 찬물에 충분히 헹군 다음 물기를 뺀다.
4. 접시에 당면을 담고 당근, 시금치, 단무지, 어묵, 김가루를 둘러서 올린 다음 1의 양념장을 곁들여 낸다.

된장소스에 졸인 고등어 요리인 사바미소니는 일본 가정식의 단골 반찬이에요. 사바는 일본어로 고등어를, 미소니는 된장에 졸여 만드는 요리법을 일컬어요.

집밥이 생각날 땐

사바미소니

Ingredient

(2인분) 고등어 1마리, 생강 15g, 쪽파 1대
[소스] 미소된장 1큰술, 설탕 1큰술, 맛술 1큰술, 간장 1작은술, 물 1컵, 청주 1/4컵

Cooking Tip

중간중간 고등어에 소스를 끼얹어가며 졸여요.

Recipe

1. 생강을 편썰고 쪽파를 송송 썬다.
2. 고등어를 반 가르고 가로로 2등분한 다음 엑스자로 칼집을 낸다.
3. 손질한 고등어에 뜨거운 물을 뿌린다.
4. 볼에 소스 재료를 넣어 섞는다.
5. 냄비에 생강과 4의 소스를 넣어 끓이다가 소스가 끓어오르면 고등어를 넣고 뚜껑을 덮은 다음 중약불에서 10~15분간 졸인다.
6. 접시에 고등어를 담고 냄비에 남은 소스와 쪽파를 뿌린다.

소보로동은 만들기 간단하고 예뻐서 일본에서 즐겨 먹는 도시락 메뉴예요. 3가지 색으로 나누고 닭고기를 사용하는 것이 일반적이지만 취향에 따라 돼지고기로 대체해도 좋아요.

색의 대비가 예쁜 한 그릇

소보로동

Ingredient

(2인분) 밥 2공기, 닭가슴살 200g, 쪽파 1대
[닭고기양념] 간장 1과1/2큰술, 맛술 2큰술, 설탕 2작은술, 소금 조금
[스크램블드에그] 달걀 4개, 맛술 2작은술, 소금 조금, 식용유 조금

Recipe

1. 닭고기를 잘게 다지거나 푸드프로세서에 간다.
2. 팬에 닭고기양념 재료를 넣고 끓인 다음 닭고기를 넣어 주걱으로 으깨어 가며 볶는다.
3. 볼에 달걀을 풀고 맛술과 소금으로 간한다. 기름을 두른 팬에 달걀물을 붓고 8자로 저어가며 스크램블드에그를 만든다.
4. 쪽파를 다진다.
5. 접시에 밥을 담고 볶은 닭고기와 스크램블드에그를 반씩 올린 다음 가운데에 쪽파를 올린다.

요즘 일본에서는 머랭을 내 만든 반죽을 높게 쌓아 굽는 수플레팬케이크가 '핫'하다고 해요. 폭신폭신한 솜사탕 같은 부드러운 팬케이크를 만들어봐요.

폭신폭신한 일본식 팬케이크

수플레팬케이크

Ingredient

(4장 분량) 달걀 2개, 베이킹파우더 1/2작은술, 중력분 3큰술, 설탕 2큰술, 우유 2큰술, 버터 적당량, 소금 조금
[토핑] 슈거파우더 적당량, 생크림 적당량, 과일 적당량
[선택] 바닐라익스트랙트 2방울

Cooking Tip

반죽을 팬에 쌓듯이 올려 두툼하게 만들어요.

Recipe

1. 달걀의 노른자와 흰자를 분리하고 각각 다른 볼에 담는다.
2. 달걀노른자를 넣은 볼에 설탕 1큰술, 우유, 베이킹파우더, 중력분, 소금을 넣고 섞는다. 바닐라익스트랙트가 있으면 2방울 넣어요.
3. 달걀흰자를 핸드믹서로 단단하게 거품을 내고 형태가 잡히기 시작하면 설탕 1큰술을 나눠 섞어가며 계속 휘핑한다.
4. 3의 머랭에 2를 넣고 거품이 꺼지지 않도록 주걱으로 아래에서 위로 접듯이 살살 섞는다.
5. 팬에 버터를 녹이고 4의 반죽을 작은 원형으로 떠 올린다.
6. 김이 서리지 않도록 뚜껑을 살짝 덮어 5분간 약불에서 익히다가 뚜껑을 열고 뒤집어 4~5분간 더 익힌다.
7. 접시에 팬케이크를 담고 슈거파우더를 뿌린 다음 생크림과 과일을 올린다.

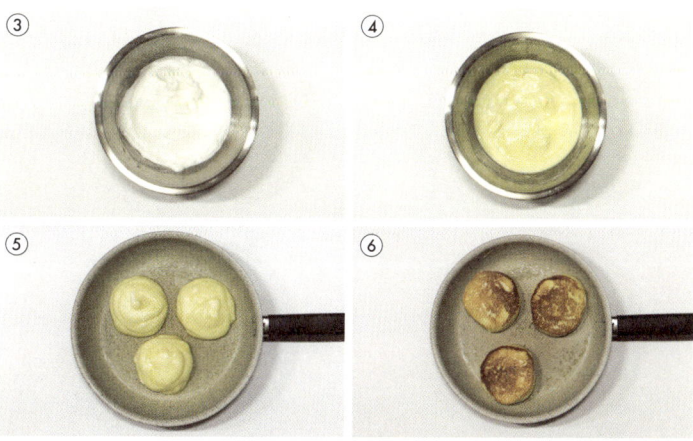

China

26

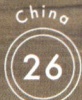

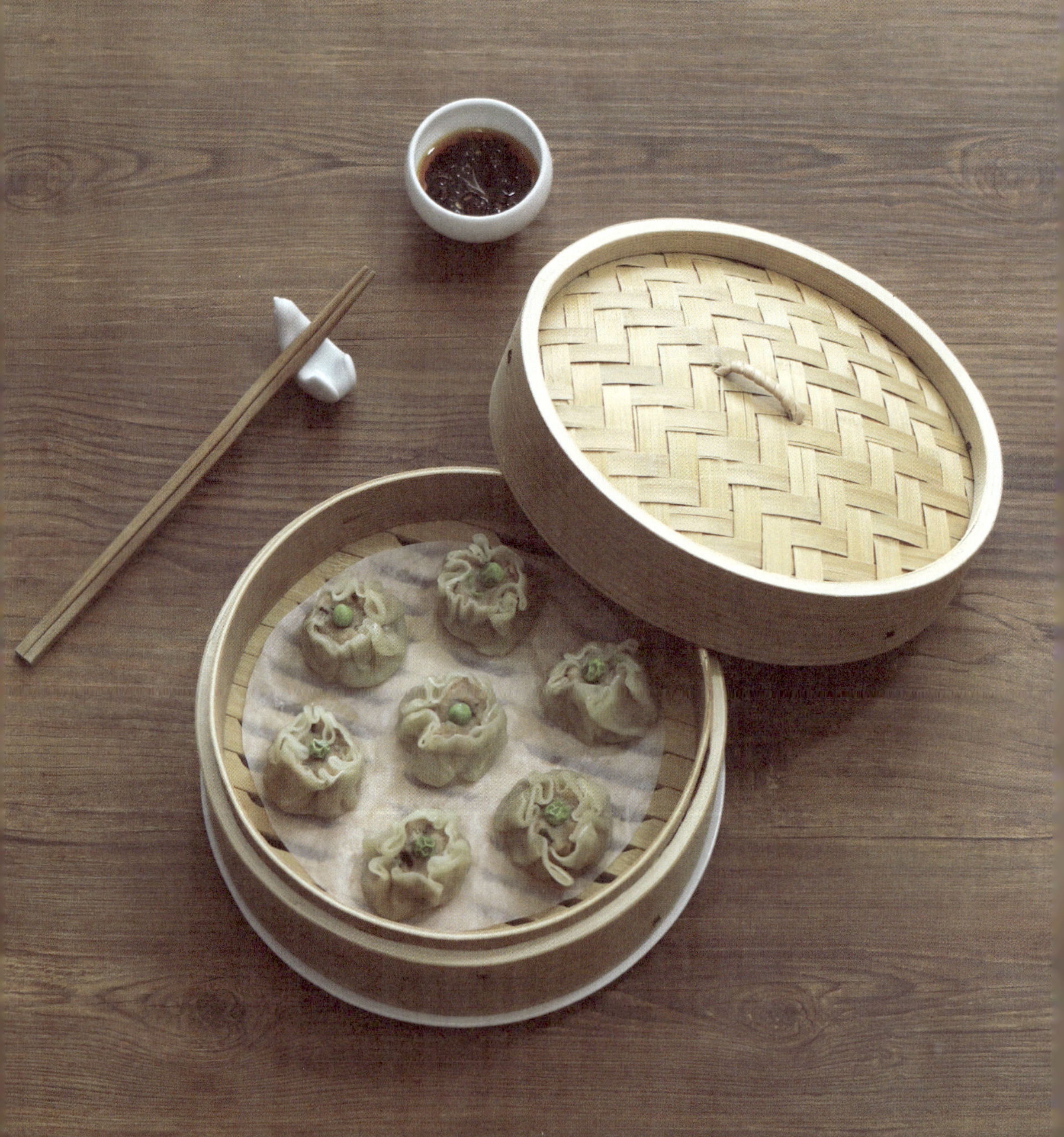

중국에는 점심에 딤섬을 먹고 여기에 차를 곁들이는 얌차 문화가 있어요. 슈마이는 얌차 때 먹는 딤섬 중 하나예요. 속이 보이게 만두피를 모아서 찌기 때문에 만들기 쉬워요.

속이 보이는 새우만두

슈마이

Ingredient

[20개 분량] 만두피 20개, 돼지고기(다짐육) 150g, 새우 150g, 달걀 1개, 건표고버섯 15g, 쪽파 2대, 완두콩 20개, 다진 생강 1작은술, 녹말가루 1작은술, 후춧가루 조금 [양념] 간장 1큰술, 맛술 1큰술, 굴소스 2작은술, 참기름 1작은술

Cooking Tip

만두피가 크면 컵이나 작은 그릇 등으로 동그랗게 잘라 사용해요.

Recipe

1. 건표고버섯을 물에 불려 다진다. 쪽파를 송송 썬다. 새우를 칼로 다진다.
2. 볼에 돼지고기, 새우, 표고버섯, 쪽파, 달걀, 생강, 녹말가루, 후춧가루, 양념 재료를 넣고 찰기가 생기도록 치댄 다음 냉장고에서 30분간 식힌다.
3. 만두피에 2를 조금 떠 넣고 끝을 동그랗게 모아 만두를 빚는다.
4. 가운데에 완두콩을 올린다.
5. 찜기에 면보를 깔고 만두를 올린다. 뚜껑을 덮고 끓는 물에서 12~15분 간 찐다.

Japan

27

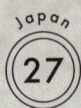

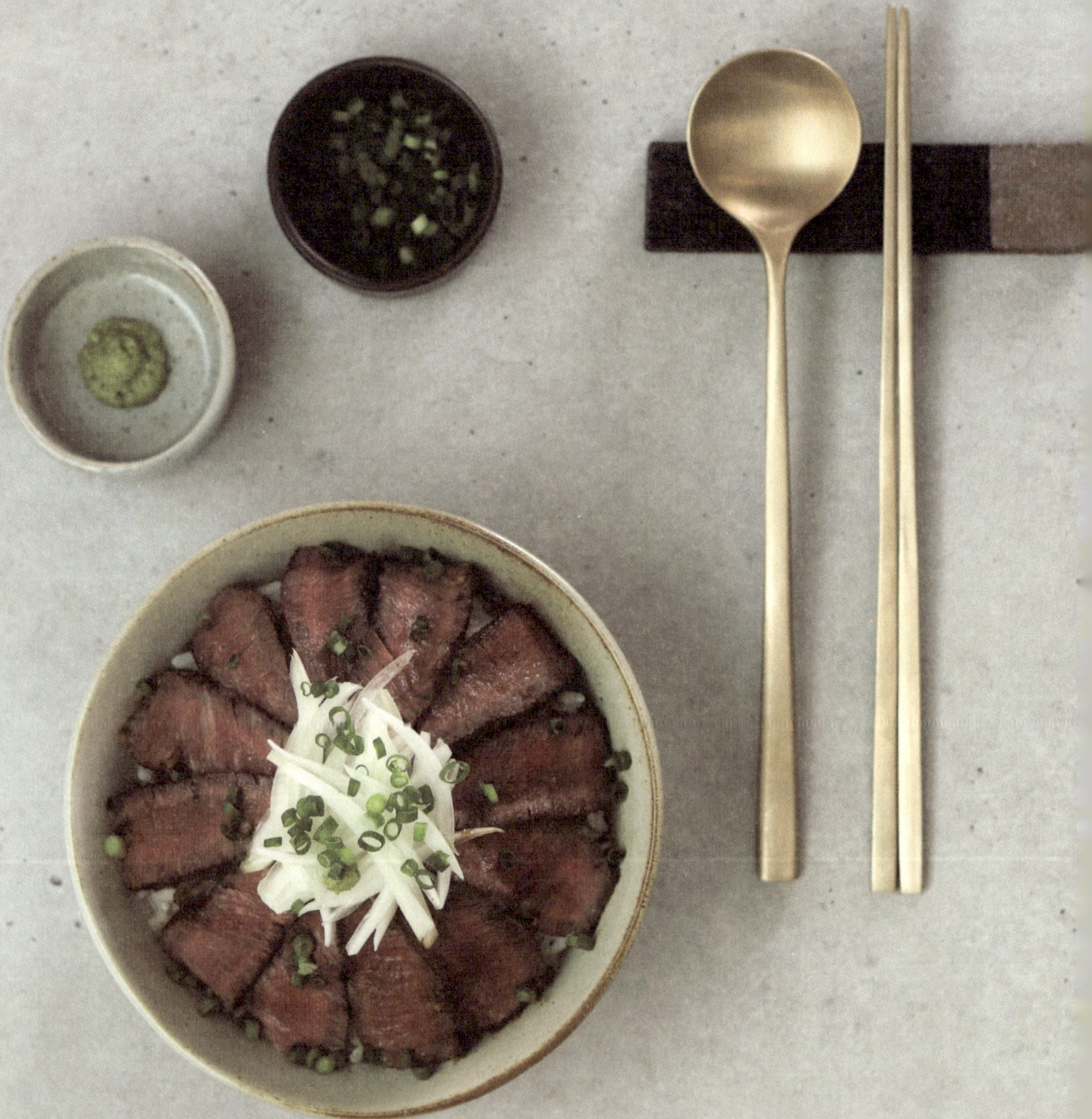

일본식 덮밥인 돈부리 하면 보통 돈가스나 새우튀김이 올라간 것을 떠올리지만 회, 스테이크 등 다양한 재료를 얹어서 만들기도 한답니다.

돈부리의 특별한 변신

스테이크동

Ingredient

[2인분] 밥 2공기, 소고기(스테이크용) 250~300g, 쪽파 2대, 양파 1/2개(요리용)+1/8개(고명용), 올리브오일 조금, 소금 조금, 후춧가루 조금, 고추냉이 조금
[소스] 간장 3큰술, 물 3큰술, 설탕 1큰술, 맛술 1큰술, 다진 마늘 1작은술

Recipe

1. 요리용 양파를 굵게 채썬다. 고명용 양파를 얇게 썰어 찬물에 잠시 담가둔다. 쪽파를 송송 썬다.
2. 볼에 소스 재료를 넣어 섞는다.
3. 소고기의 양면에 올리브오일을 바르고 소금과 후춧가루로 간한다. 소고기를 레어나 미디움레어로 익히고 한 김 식힌 다음 슬라이스한다.
   소고기의 겉면만 살짝 익혀요.
4. 소고기를 구운 팬에 올리브오일을 더 두르고 양파를 볶다가 2의 소스를 넣어 살짝 끓인다
5. 그릇에 밥을 담고 볶은 양파를 올린다.
6. 소고기를 둘러 담고 가운데에 고명용 양파를 올린다. 쪽파와 4의 팬에 남은 소스를 뿌리고 고추냉이를 곁들인다.

쫄깃한 고기와 아삭한 채소를 듬뿍 넣고 볶는 야키소바는 한 그릇 식사나 술 안주로 더할 나위 없이 좋아요. 지글지글 면 볶는 소리까지 맛있는 일본식 볶음면 요리예요.

채소와 고기가 가득한 볶음면

야키소바

Ingredient

[1인분] 야키소바면(또는 우동면) 1봉지, 대패삼겹살(또는 삼겹살) 100g, 달걀 1개, 숙주나물 1줌, 양배추 2장, 당근 1/5개, 대파 1/2대
[양념] 우스터소스 1큰술, 굴소스 1/2큰술, 간장 1/2큰술, 설탕 1작은술, 후춧가루 조금
[선택] 파래가루 조금

Cooking Tip

먹기 전에 파래가루를 살짝 뿌려도 좋아요.

Recipe

1. 양배추와 당근을 큼직하게 썬다. 대파를 4cm 길이로 자르고 세로로 반 가른다.
2. 볼에 양념 재료를 넣어 섞는다.
3. 달군 팬에 대패삼겹살을 넣고 볶다가 삼겹살이 익으면 양배추와 당근을 넣어 볶는다.
4. 면과 2의 양념을 넣고 면을 풀어가며 볶다가 대파와 숙주나물을 넣어 재빨리 섞은 다음 불에서 내린다.
5. 달걀을 프라이한다.
6. 그릇에 볶은 면을 담고 달걀프라이를 올린다.

일본어로 '야키'는 '굽다'를, '토리'는 '닭'을 뜻해요. 닭과 대파를 꼬치에 꽂고 소스를 발라 구운 야키토리는 일본의 대중적인 술안주예요.

일본식 꼬치구이

야키토리

Ingredient

[6꼬치 분량] 닭다리살 300g, 대파(흰 부분) 3대, 꼬치 6개
[타레소스] 간장 4큰술, 청주 2큰술, 설탕 2큰술, 물 1큰술, 다진 마늘 1작은술

Cooking Tip

닭고기 대신 돼지고기나 소고기를 사용해도 좋아요.

Recipe

1. 대파를 4cm 길이로 썰고 닭다리살을 한입 크기로 썬다.
2. 꼬치에 닭다리살과 대파를 번갈아가며 꽂는다.
3. 팬에 타레소스 재료를 넣고 살짝 걸쭉해지도록 끓인다.
4. 달군 팬에 닭꼬치를 올리고 한 면을 노릇노릇하게 굽는다.
5. 닭꼬치를 뒤집어 타레소스를 바르고 2~3분간 굽는다. 다시 닭꼬치를 뒤집어 타레소스를 바르고 굽는다.
6. 양념이 배어들고 고기가 익을 때까지 뒤집어 굽기를 2~3회 반복한다.

②

④

⑤

Japan
30

일본식 사각 주먹밥인 오니기라즈는 한 만화책에 소개되며 유명해졌답니다. 다양한 재료를 김 안에 넣고 네모나게 접어 넣으면 되니 김밥 마는 게 자신 없어도 충분히 만들 수 있어요.

네모난 밥샌드위치

오니기라즈

Ingredient

[1개 분량] 김(김밥용) 1장, 밥 1공기, 캔햄슬라이스 1장, 달걀 1개, 아보카도 1/4개, 어린잎채소(또는 루콜라 등의 채소) 조금

Recipe

1. 아보카도의 껍질과 씨를 제거하고 슬라이스한다.
2. 달군 팬에 캔햄슬라이스를 앞뒤로 노릇노릇하게 굽는다.
3. 2의 팬을 살짝 닦아내고 중약불로 내린 다음 달걀을 깨 넣어 1분30초~2분간 굽는다. 달걀을 뒤집어 1분 정도 더 굽는다.
4. 랩 위에 김을 올리고 밥의 반을 동그랗게 깐다.
5. 캔햄-달걀-아보카도-어린잎채소 순으로 올리고 남은 밥으로 덮는다.
6. 김의 네 면을 안으로 접어 넣고 랩으로 싼 다음 김이 밥에 붙도록 잠시 둔다. 오니기라즈를 반으로 썰고 랩을 벗긴다.

Japan
31

오코노미야키는 일본의 대표적인 철판구이 요리로 우리나라의 부침개나 빈대떡과 비슷해요. 작은 크기로 부치면 뒤집기 쉽고 하나씩 들고 먹기에도 좋아요.

일본식 빈대떡

오코노미야키

Ingredient

5개(미니 사이즈) 분량 베이컨 2줄, 양배추 5장, 쪽파 3대, 식용유 조금
[반죽] 달걀 1개, 밀가루 60g, 물 1/2컵 + 2큰술
[토핑] 마요네즈 적당량, 돈가스소스 적당량, 가쓰오부시 적당량
[선택] 파래가루 조금

Recipe

1. 양배추를 채썬다. 쪽파를 송송 썬다. 베이컨을 살짝 굽고 잘게 썬다.
2. 볼에 달걀과 물을 넣고 섞은 다음 밀가루를 조금씩 넣어가며 섞는다.
3. 2의 반죽에 양배추, 쪽파, 베이컨을 넣어 섞는다.
4. 달군 팬에 식용유를 두르고 반죽을 작은 원형으로 떠 올려 앞뒤로 노릇노릇하게 굽는다.
5. 마요네즈와 돈가스소스를 뿌리고 가쓰오부시를 올린다. 취향에 따라 파래가루를 뿌린다.

달걀을 온천물에 담가 익히는 온센다마고는 물에 삶아 만드는 반숙과 달리 흰자가 부드럽게 익힌답니다. 쯔유나 달걀간장을 뿌려 먹거나 우동이나 덮밥에 곁들여 먹어요.

온천물에 익혀 만드는 일본식 수란

온센다마고

Ingredient

(4개 분량) 달걀 4개, 찬물 1/2컵, 물 적당량
[선택] 쯔유 적당량, 쪽파 적당량, 시치미 적당량

Recipe

1. 냄비에 물을 붓고 끓이다가 불에서 내린 다음 찬물을 부어 온도를 살짝 낮춘다.
   물의 양은 달걀이 잠길 정도가 적당해요.
2. 달걀을 조심스럽게 넣고 뚜껑을 닫아 17~20분간 담가둔다.
3. 익힌 달걀을 찬물에 넣어 잠시 식힌다.
4. 볼에 달걀을 깨뜨려 넣는다. 취향에 따라 쯔유, 쪽파, 시치미 등을 뿌린다.
   시치미는 7가지 재료를 섞은 일본 양념이에요.

보통 수육 하면 고기를 물에 넣고 푹 끓이는 것을 생각하지만 물 없이 재료에서 나오는 수분만으로 수육을 만들 수 있어요. 한식을 처음 접하는 외국인 친구들에게 맛있는 수육을 소개해보아요.

최소한의 수분으로 만드는 부들부들한 수육

저수분마늘수육

Ingredient

[2~3인분] 통삼겹살 500g, 사과 1/2개, 대파 2대, 양파 1개, 마늘 5쪽, 통후추 5알, 월계수잎 1장

[된장소스] 된장 1큰술, 청주 1큰술, 물 2큰술

[마늘소스] 식용유 1큰술, 다진 마늘 4큰술, 꿀 4큰술, 레몬즙 1/2큰술

[선택] 보쌈김치 적당량

Recipe

1. 대파를 4등분해서 썬다. 양파와 사과를 굵게 채썬다.
2. 볼에 된장소스 재료를 넣어 섞는다.
3. 주물 냄비에 양파-사과 순으로 깔고 마늘, 월계수잎, 통후추를 넣는다.
4. 돼지고기를 넣고 된장소스를 바른 다음 대파로 덮는다. 냄비의 뚜껑을 덮어 끓이다 끓는 소리가 나면 중약불로 낮춰 40분간 더 익힌다.
5. 달군 팬에 식용유와 다진 마늘을 넣어 볶다가 꿀과 레몬즙을 섞고 졸여 마늘소스를 만든다.
6. 4의 수육을 한 김 식히고 자른다. 접시에 수육을 동그랗게 둘러 담고 5의 마늘소스를 뿌린다. 취향에 따라 보쌈김치를 곁들여 낸다.

China
34

중국인들의 밥상에 채소 요리 하나는 빠지지 않고 꼭 등장하는데요. 줄기콩돼지고기볶음은 때로는 반찬처럼, 때로는 메인 요리처럼 먹을 수 있어 아주 좋답니다.

중국의 밥도둑 반찬

줄기콩돼지고기볶음

Ingredient

2인분 돼지고기(다짐육) 60g, 줄기콩 200g, 홍고추 1/2개, 다진 생강 1/2작은술, 다진 마늘 1큰술, 간장 1큰술, 식초 1/2큰술, 청주 1/2큰술, 참기름 조금, 식용유 조금

Recipe

1. 줄기콩을 깨끗하게 씻고 꼭지 부분을 자른다. 달군 팬에 식용유를 두르고 줄기콩을 넣어 부드러워질 때까지 볶은 다음 덜어둔다.
2. 홍고추를 길게 반 갈라 씨를 빼고 채썬다.
3. 1의 팬에 다진 생강, 다진 마늘, 홍고추를 넣고 볶아 향을 낸다.
4. 돼지고기를 넣어 볶는다.
5. 돼지고기의 겉면이 익으면 줄기콩을 다시 넣고 섞는다.
6. 간장, 식초, 청주를 넣고 볶은 다음 참기름을 넣어 섞는다.

중국식 도미찜은 찐 도미에 간장소스와 뜨거운 기름을 부어 내놓은 요리예요. 은은한 파 향과 깔끔한 소스가 도미 본연의 맛을 백배 끌어올려줘요.

뜨거운 기름을 부어 먹는

중국식 도미찜

Ingredient

[2인분] 도미 1마리, 대파 2대, 생강 5~6쪽, 식용유 4큰술
[소스] 간장 4큰술, 물 3큰술, 청주 2큰술, 설탕 1큰술

Cooking Tip

우럭 같은 다른 흰 살 생선을 사용해도 좋아요.

Recipe

1. 대파의 흰 부분을 채썰어 파채를 만들고 초록 부분은 큼직하게 썬다. 생강의 껍질을 벗기고 편썬다.
2. 도미의 배를 갈라 내장을 제거하고 칼집을 낸 다음 대파의 초록 부분과 생강을 배 속에 채운다.
   대파의 초록 부분을 조금 남겨놔요.
3. 찜통에 남은 대파의 초록 부분을 깔고 위에 도미를 올려 20~25분간 찐다.
4. 팬에 소스 재료를 넣고 설탕이 녹을 때까지 끓인다.
5. 도미 배에서 대파와 생강을 빼고 접시에 도미를 담은 다음 파채의 반을 올린다.
6. 4의 소스를 붓고 남은 파채를 올린 다음 뜨겁게 달군 식용유를 뿌린다.

China

36

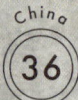

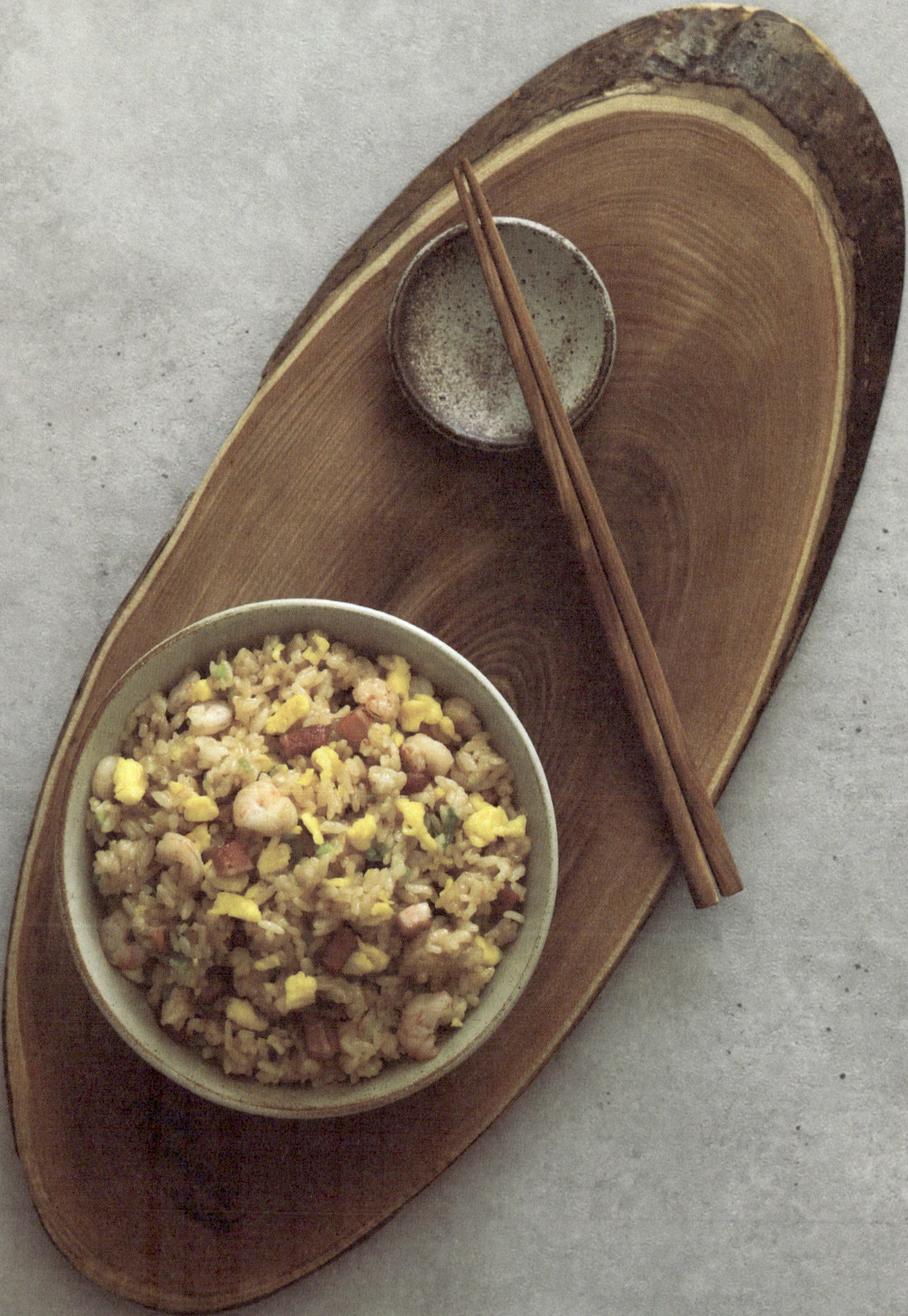

고슬고슬하게 볶은 중국식 볶음밥은 그냥 먹어도 맛있고 고기, 생선, 채소 등과도 잘 어울려요. 우리나라 쌀은 찰기가 많아 볶으면 퍼지기 쉬우니 찬밥으로 만들어요.

모든 중식의 짝꿍

중국식 볶음밥

Ingredient

(1인분) 찬밥 1공기, 칵테일새우 50g, 베이컨(두툼한 것) 1/2줄, 대파 10cm, 식용유 조금
[스크램블드에그] 달걀 1개, 맛술 1/2작은술, 소금 조금
[양념] 간장 1/2큰술, 굴소스 1작은술, 설탕 1/2작은술

Cooking Tip

데우지 않은 즉석밥을 사용하면 조금 더 고슬고슬한 볶음밥을 만들 수 있어요.

Recipe

1. 대파를 송송 썰고 베이컨을 굵게 다진다.
2. 볼에 달걀을 풀고 맛술과 소금으로 간한다. 달군 팬에 식용유를 살짝 두르고 달걀물을 부어 8자로 저어가며 스크램블드에그를 만든 다음 덜어둔다.
3. 2의 팬을 키친타월로 닦고 베이컨을 볶은 다음 덜어둔다.
4. 3의 팬에 식용유를 살짝 더 두르고 대파를 볶은 다음 새우를 넣어 1분간 더 볶는다.
5. 찬밥을 넣고 섞은 다음 양념 재료를 넣어 간이 배어들도록 볶는다.
6. 베이컨과 스크램블드에그를 넣어 섞는다.

②

④

⑤

Japan 37

가정식으로서 또 술안주로서 일본인들의 사랑을 받는 가라아게는 반죽을 입혀 튀기는 덴푸라와 달리 고기에 밀가루만 입혀 튀겨요. 고기에 밑간이 돼서 소스 없이 그 자체로 맛있어요.

일본식 닭고기튀김

치킨가라아게

Ingredient

(2인분) 닭다리살 300g, 밀가루 1큰술, 녹말가루 5큰술, 레몬 1/2개, 식용유 적당량
[양념] 간장 1큰술, 청주 1큰술, 참기름 1작은술, 다진 마늘 1/2작은술, 다진 생강 1/2작은술, 후춧가루 조금

Cooking Tip

레몬즙을 뿌리면 닭고기의 느끼함을 잡아줘서 더 맛있어요.

Recipe

1. 볼에 양념 재료를 넣어 섞는다.
2. 키친타월로 닭고기의 물기를 제거하고 먹기 좋은 크기로 썬다.
3. 1의 볼에 닭고기를 넣어 20분간 재운다.
4. 3의 닭고기에 밀가루를 넣어 버무리고 녹말가루를 골고루 입힌다.
5. 식용유를 넉넉히 부어 달군 팬에 닭고기를 넣고 앞뒤로 노릇노릇하게 튀긴다.
6. 레몬을 웨지썰기하고 닭고기와 레몬웨지를 함께 낸다.

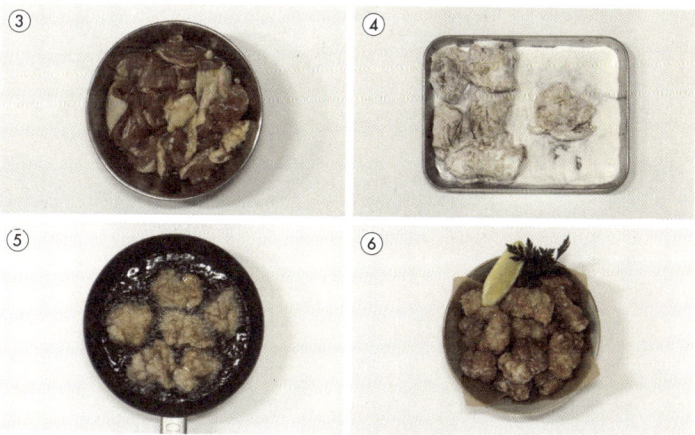

Japan

38

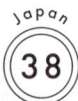

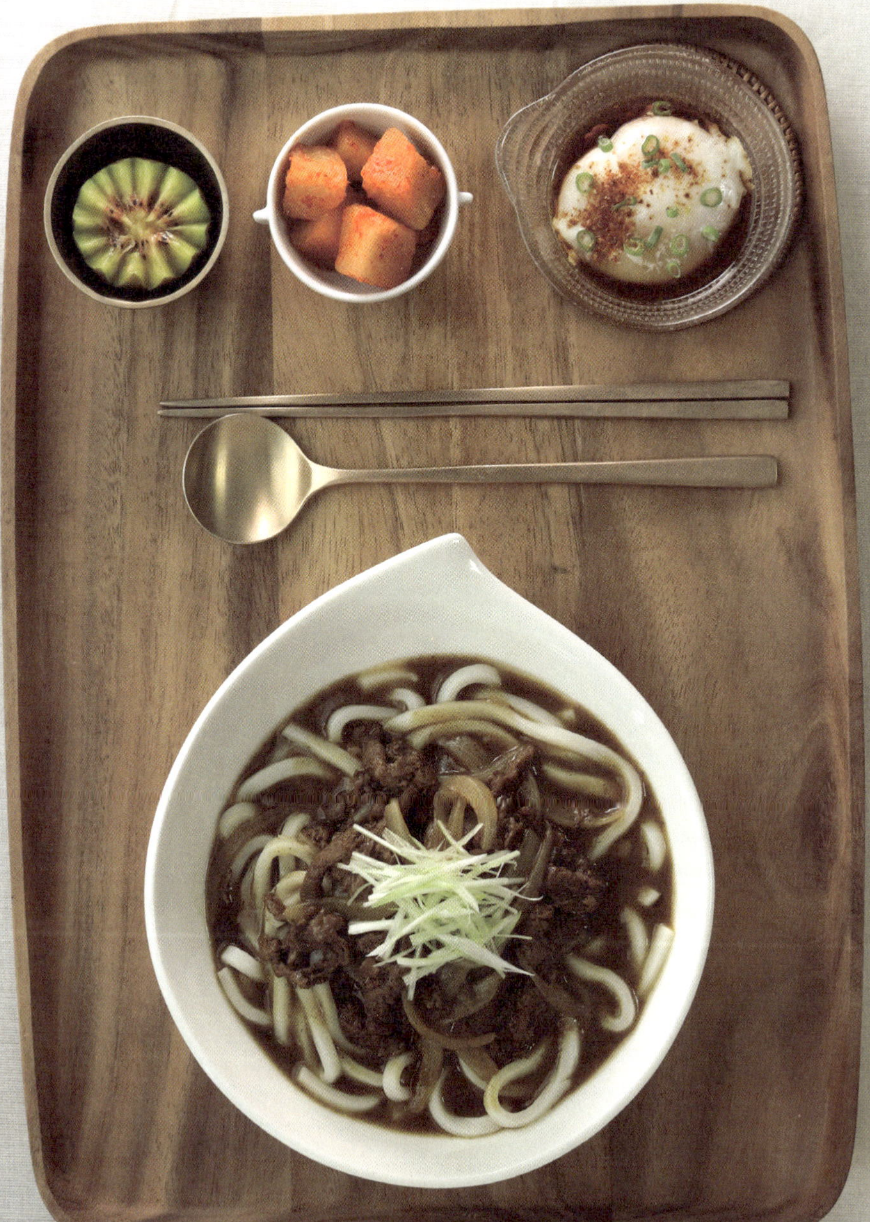

일본 요리에서 빠질 수 없는 게 우동이고 그만큼 종류도 다양한데요. 특히 카레우동은 카레소스와 면만으로 깊은 맛을 낼 수 있고 만들기 쉬워 적극 추천해요.

카레에 빠진 우동면

카레우동

Ingredient

[2인분] 우동면 2봉지, 소고기(불고기용 또는 샤브샤브용) 150g, 고형카레 2조각, 대파 4~5cm, 양파 1/2개, 물 4컵, 쯔유(또는 국수장국) 2큰술, 식용유 조금

Recipe

1. 대파를 얇게 채썰어 파채를 만든다. 양파를 굵게 채썬다. 키친타월로 소고기의 핏물을 제거하고 먹기 좋은 크기로 썬다.
2. 달군 팬에 식용유를 두르고 양파를 넣어 겉면에 갈색이 돌 때까지 볶는다.
3. 소고기를 넣고 볶은 다음 물과 쯔유를 넣어 끓인다.
4. 고형카레를 넣고 푼 다음 걸쭉해지도록 끓인다.
5. 끓는 물에 우동면을 삶고 찬물에 헹군다.
6. 그릇에 우동면을 담고 4의 카레소스를 부은 다음 가운데에 파채를 올린다.
   카레소스의 건더기를 나눠 부어 고명처럼 올려지게 해요.

타코라이스는 오키나와에 가면 꼭 먹어봐야 할 요리예요. 타코를 저렴한 가격에 조금 더 푸짐하게 즐길 수 있도록 덮밥 형태로 만들었다고 해요.

일본식으로 재해석된 멕시코 요리

타코라이스

Ingredient

[2인분] 밥 2공기, 소고기(다짐육) 200g, 달걀 2개, 양상추 3장, 토마토 1개, 샐러드 치즈(또는 체더치즈) 1/2컵, 살사소스 2큰술, 식용유 조금
[소고기양념] 다진 마늘 1작은술, 칠리파우더(또는 고춧가루) 1과1/2작은술, 커리파우더 1과1/2작은술, 맛술 2작은술, 올리고당 1작은술, 간장 1작은술, 소금 조금, 후춧가루 조금

Recipe

1. 양상추를 흐르는 물에 씻고 물기를 뺀 다음 채썬다. 토마토의 씨를 제거하고 작게 썬다.
2. 볼에 소고기와 소고기양념 재료를 넣어 버무린다.
3. 중강불로 달군 팬에 식용유를 살짝 두르고 소고기를 넣어 물기가 없도록 볶는다.
4. 달걀을 프라이한다.
5. 접시에 밥을 담고 양상추-볶은 소고기-토마토-치즈-살사소스-달걀프라이 순으로 올린다.

②
③
⑤

탄탄면은 중국 요리지만 일본의 라멘집에서도 흔히 볼 수 있어요. '탄탄'은
'짐을 짊어지다'는 뜻으로 상인들이 국수와 소스를 어깨에 이고 다니며 팔던
것에서 유래했다고 해요.

매콤하고 고소한 땅콩소스의 맛

탄탄면

Ingredient

[2인분] 중면 200g(또는 칼국수면 300g), 돼지고기(다짐육) 150g, 청주 1큰술, 치킨스톡 2와 1/2컵, 칠리오일 2큰술, 식용유 조금, 후춧가루 조금

[돼지고기양념] 간장 1작은술, 참기름 1작은술

[양념] 두반장 2큰술, 땅콩버터 3큰술, 다진 마늘 2큰술, 다진 생강 1큰술

[선택] 고수 적당량

Recipe

1. 볼에 돼지고기와 돼지고기양념 재료를 넣어 버무린다.
2. 팬에 식용유를 두르고 1의 돼지고기를 넣어 볶는다.
3. 돼지고기가 익으면 양념 재료를 넣어 섞는다.
4. 청주를 섞고 치킨스톡을 넣어 끓인 다음 후춧가루로 간한다.
5. 면을 삶는다.
6. 접시에 면을 담고 4의 소스를 부은 다음 칠리오일을 뿌린다. 취향에 따라 고수를 곁들인다.

②

④

⑥

한 주를 마무리하며 먹는 음식으로 치킨만 한 게 없죠. 시판용 치킨튀김가루로 집에서도 바삭바삭한 치킨을 만들 수 있어요.

불금에는 반반 치킨

프라이드&양념치킨

Ingredient

[2인분] 닭고기(정육) 400g, 치킨튀김가루 1컵, 식용유 적당량, 소금 조금, 후춧가루 조금

[반죽] 치킨튀김가루 3/4컵, 물 1/2컵

[양념] 케첩 2큰술, 고추장 1큰술, 고춧가루 1/2큰술, 간장 1/2큰술, 설탕 1큰술, 물엿 2큰술, 물 2큰술, 다진 마늘 1/2큰술, 생강가루 조금

Cooking Tip

양념치킨에 견과류를 다져 살짝 뿌리면 고소해서 더 맛있어요.

Recipe

1. 닭고기를 먹기 좋은 크기로 썰고 소금과 후춧가루로 간한다.
2. 볼에 반죽 재료를 넣고 섞은 다음 닭고기를 넣어 버무린다.
3. 위생 봉지에 치킨튀김가루와 닭고기를 넣고 흔들어 치킨튀김가루를 골고루 입힌다.
   치킨튀김가루에 닭을 한꺼번에 넣지 말고 2~3번에 나눠 넣어요.
4. 식용유를 넉넉히 부어 달군 팬에서 닭고기가 바삭바삭하게 익을 때까지 10~15분간 튀긴다.
5. 팬에 양념 재료를 넣어 끓인다. 튀긴 치킨의 반을 넣고 불을 끈 다음 뒤섞어가며 버무린다.
6. 접시에 프라이드치킨과 양념치킨을 반씩 담아낸다.

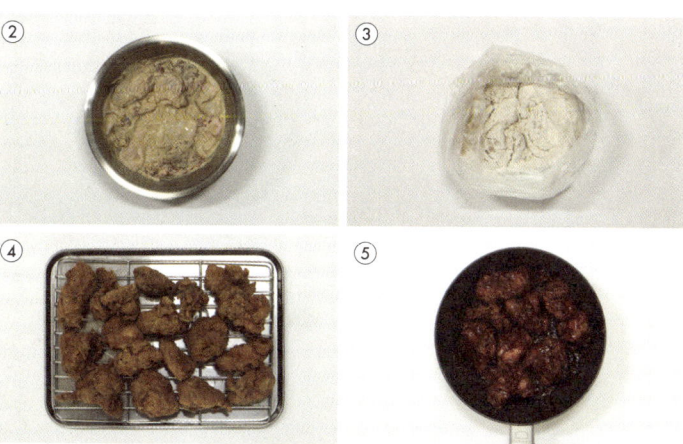

하토시는 식빵 위에 간 새우를 발라 튀기는 중국식 토스트로 '하'는 새우, '토시'는 토스트를 뜻해요. 서양에서는 바삭바삭하고 고소한 하토시를 핑거 푸드로 많이 먹는답니다.

바삭바삭한 식감이 매력적인 중국의 새우토스트

하토시

Ingredient

2인분 식빵 3장, 통깨 적당량, 식용유 조금, 스위트칠리소스 조금
[새우페이스트] 새우살 100g, 달걀흰자 1개, 다진 생강 1작은술, 마늘 1쪽, 간장 1작은술, 참기름 1/2작은술

Recipe

1. 블렌더에 새우페이스트 재료를 넣고 간다.
2. 식빵 위에 새우페이스트를 펴 바른다.
3. 평평한 접시에 통깨를 깔고 새우페이스트를 입힌 면이 아래로 가게 해서 눌러 통깨를 입힌다.
4. 3의 토스트를 2조각이나 4조각으로 썬다.
5. 식용유를 넉넉히 부어 달군 팬에 토스트를 통깨가 입혀진 면이 아래로 가게 해서 튀긴다. 토스트를 뒤집어 반대면을 튀긴다. 튀긴 토스트를 키친타월이나 튀김망에 올려 기름을 뺀다.
6. 접시에 토스트를 담고 스위트칠리소스를 곁들인다.

115

Food Trip

2.

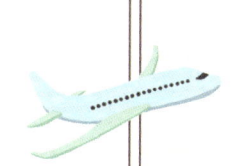

매콤 달콤
입맛 저격

동남아
요리

Thailand 01

태국의 커리는 우리가 흔히 알고 있는 커리와 달리 그린, 레드, 옐로로 나뉘어요. 그중 그린커리가 가장 유명하죠. 코코넛밀크의 부드러움과 초록 고추의 매콤함이 환상의 조화를 이룬답니다.

태국의 커리 요리를 대표하는 초록색 커리

그린커리

Ingredient

[2인분] 밥 2공기, 닭다리살(또는 닭가슴살) 200g, 양파 1/2개, 가지(작은 것) 1개, 완두콩 2큰술, 그린커리페이스트 2큰술, 코코넛밀크 1컵, 라임 1/2개, 식용유 1큰술
[선택] 피시소스 1/2작은술, 생바질잎 6장

Cooking Tip

피시소스는 커리에 감칠맛을 더해줘요. 피시소스가 없으면 멸치액젓을 조금 넣어도 좋아요.

Recipe

1. 양파를 채썬다. 가지를 깍둑썬다. 닭고기를 먹기 좋은 크기로 썬다.
2. 냄비에 식용유와 그린커리페이스트를 넣고 약불에서 30초간 향이 나게 볶는다.
3. 코코넛밀크를 분량의 반을 넣고 중불로 올려 끓인다.
4. 3이 끓어오르면 남은 코코넛밀크와 닭고기를 넣고 뚜껑을 덮어 중약불에서 5분 정도 끓인다.
5. 가지와 양파를 넣고 채소가 익을 때까지 끓인 다음 완두콩을 넣어 섞는다. 취향에 따라 피시소스와 바질잎을 넣고 조금 더 끓인다.
6. 라임을 슬라이스한다. 접시에 밥과 커리를 담고 라임슬라이스를 곁들여 낸다.

②  ⑤  ⑥

Indonesia
02

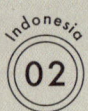

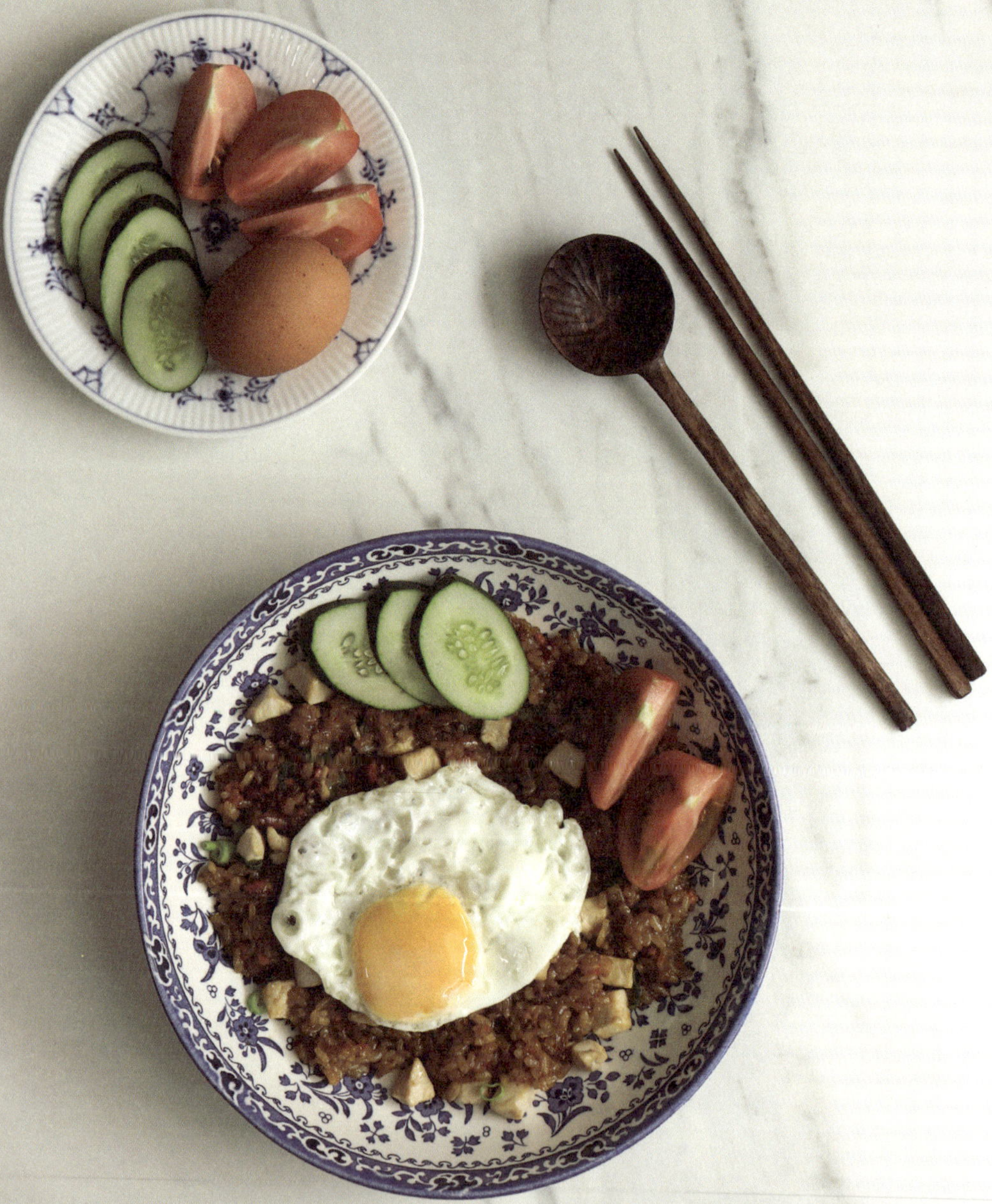

나시고렝은 인도네시아를 대표하는 볶음밥 요리로 케찹마니스라는 달콤한 간장소스로 볶아 밥알이 갈색을 띠어요. 인도네시아어로 나시는 '쌀', 고렝은 '볶음'을 뜻한답니다.

인도네시아의 국민 요리

나시고렝

Ingredient

[2인분] 밥 2공기, 닭가슴살 125g, 달걀 2개, 토마토 1/2개, 오이 1/5개, 양파 1/4개, 당근 1/5개, 쪽파 2대, 홍고추 1/2개, 건새우 2큰술, 다진 마늘 1/2큰술, 식용유 조금
[양념] 케찹마니스 1과1/2큰술, 간장 1큰술

Recipe

1. 양파와 당근을 다진다. 쪽파와 홍고추를 송송 썬다. 건새우를 다진다. 토마토를 웨지썰기한다. 오이를 슬라이스한다. 닭고기를 깍둑썬다.
2. 달군 팬에 식용유를 두르고 다진 마늘과 홍고추를 볶다가 양파를 넣어 볶는다.
3. 닭고기를 넣고 볶다가 겉면이 하얗게 변하면 건새우와 당근을 넣어 볶는다.
4. 닭고기가 익으면 밥을 넣어 섞다가 양념 재료와 쪽파를 넣고 양념이 밥알에 배어들 때까지 볶는다.
5. 접시에 볶음밥을 나눠 담는다.
6. 달걀을 프라이하고 밥 위에 올린 다음 토마토웨지와 오이슬라이스를 곁들여 낸다.

②  ④  ⑥

군만두와 비슷하게 생겨 바삭바삭할 것 같지만 식감이 부드러워요. 한입 베어 물면 진한 육즙이 터져 나온답니다. 중화권 나라에서 자주 볼 수 있는 군만두 요리 방법 중 하나예요.

눈꽃 모양 밀가루옷을 입은

대만식 눈꽃만두

Ingredient

[6개 분량] 냉동만두 6개, 참기름 1작은술, 식용유 적당량
[반죽] 밀가루 1작은술, 물 5큰술

Recipe

1. 볼에 반죽 재료를 넣어 섞는다.
2. 달군 팬에 식용유를 두르고 냉동만두를 올린다.
3. 1의 반죽을 2에 붓고 뚜껑을 덮어 약불에서 5분간 익힌다.
4. 뚜껑을 열고 불을 살짝 올려 수분이 완전히 날아가도록 익힌 다음 참기름을 뿌린다.
5. 팬을 불에서 내리고 팬과 비슷한 크기의 접시를 뚜껑처럼 얹는다.
6. 팬을 뒤집어 만두를 접시에 올린다.

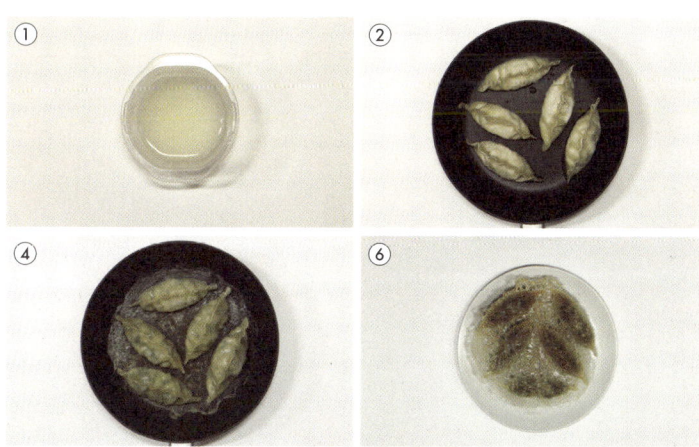

Taiwan

04

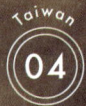

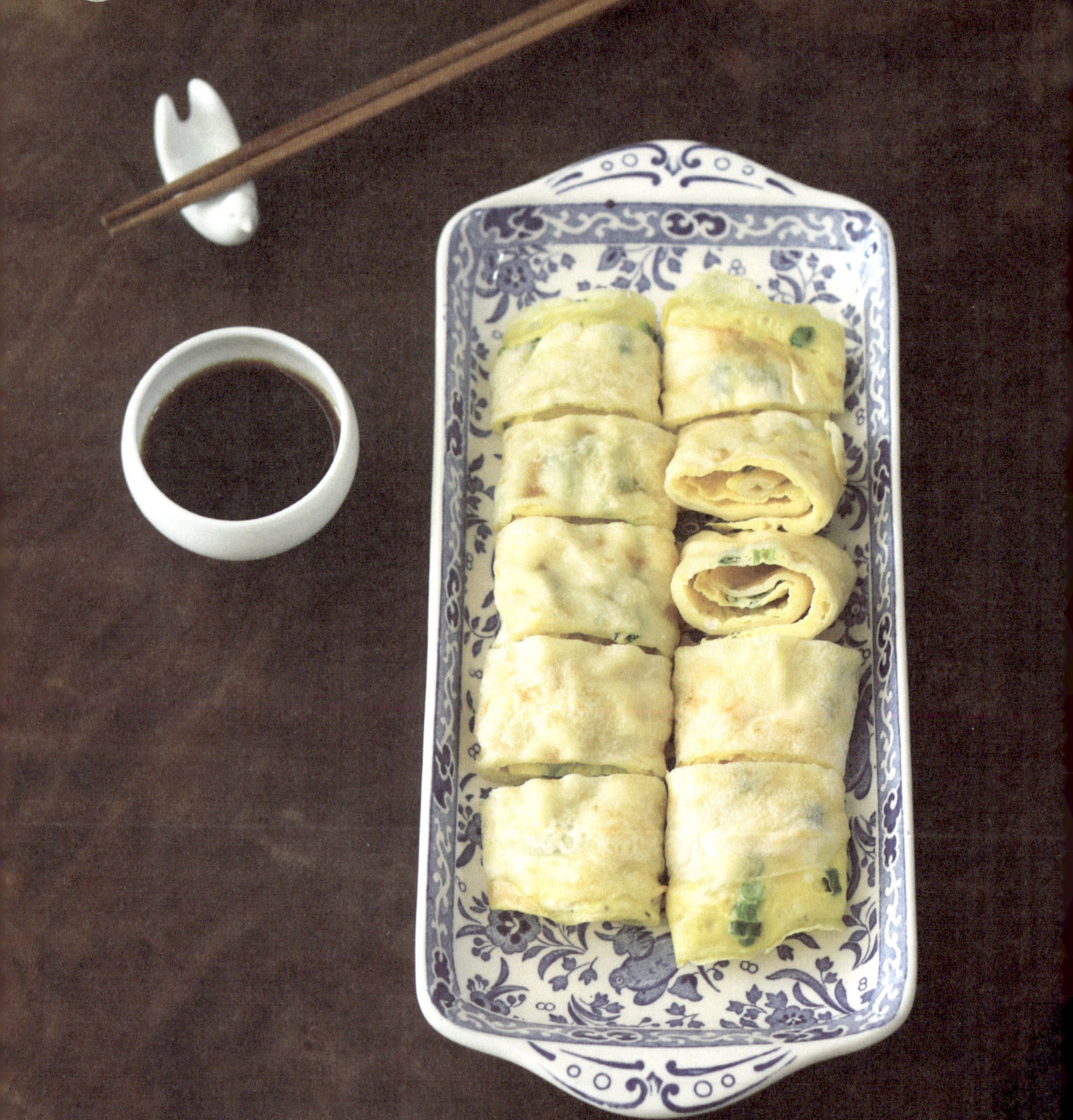

딴삥은 대만을 포함한 중화권 나라의 흔한 아침 식사 메뉴로 지역에 따라 고기, 튀긴 두부 등 다양한 재료를 채워 만들어요.

아침 식사로 딱인 달걀전병 요리

딴삥

Ingredient

[2개 분량] 달걀 2개, 녹말가루 1큰술, 밀가루 4큰술, 물 1컵+1큰술, 쪽파 1대, 참기름 조금, 소금 조금, 후춧가루 조금, 식용유 조금
[소스] 간장 2큰술, 식초 1작은술, 참기름 조금

Recipe

1. 녹말가루, 밀가루, 물을 섞어 10분간 둔다.
2. 쪽파를 송송 썬다. 볼에 달걀 1개, 쪽파 1큰술, 참기름 1~2방울, 소금, 후춧가루를 넣고 섞는다.
   크레페 1개에 해당되는 분량이에요.
3. 달군 팬에 식용유를 살짝 두르고 1의 반죽을 1/2컵 부어 3~4분간 굽는다.
4. 반죽을 뒤집고 2를 부어 올린 다음 숟가락으로 펼친다. 달걀이 거의 익으면 뒤집어 10초간 더 굽는다.
5. 팬을 불에서 내리고 달걀이 묻은 면이 안으로 가게 해서 동그랗게 만다.
6. 작은 볼에 소스 재료를 섞는다. 5를 먹기 좋은 크기로 자르고 소스와 함께 낸다.

락사는 싱가포르, 말레이시아, 인도네시아, 태국 등지에서 많이 먹어요. 코코넛밀크와 커리가 들어가 부드럽고 매콤해요. CNN의 '세계에서 가장 맛있는 요리 50'에 선정되기도 했어요.

은은한 코코넛 향이 우러나오는 쌀국수

락사

Ingredient

(2인분) 쌀국수 160g, 새우 150g, 홍고추 1개, 레드커리페이스트 2와1/2큰술, 치킨스톡(또는 야채스톡) 3과1/2컵, 코코넛밀크 2컵, 피시소스 2큰술, 라임즙 4큰술, 식용유 1큰술
[선택] 고수 적당량

Recipe

1. 쌀국수를 찬물에 잠시 불린다.
2. 홍고추를 송송 썬다. 새우의 머리, 내장, 껍질을 제거하고 데친다.
3. 달군 냄비에 식용유를 두르고 홍고추를 볶아 향을 낸 다음 레드커리페이스트를 넣어 1분간 더 볶는다.
4. 치킨스톡을 넣어 끓이다 코코넛밀크를 섞고 피시소스로 간해 한소끔 끓인다.
5. 불려둔 쌀국수를 4에 넣고 면이 부드러워질 때까지 끓인 다음 새우와 라임즙을 넣어 섞는다.
6. 그릇에 면, 건더기, 국물을 조화롭게 담는다. 취향에 따라 고수를 뿌린다.

Laos
06

랍은 찹쌀을 바삭바삭하게 볶아 넣는 게 특징인 샐러드예요. 라오스의 많은 음식들이 태국, 베트남, 중국의 영향을 받았으나 랍은 라오스 전통 방식으로 만들어진 요리라고 해요.

라오스식 고기샐러드

랍

Ingredient

[2인분] 찹쌀 1/2큰술, 돼지고기(다짐육) 200g, 양파 1/4개, 홍고추 1/2개, 쪽파 1대, 고수 2큰술, 민트잎 4큰술, 피시소스 1/2큰술, 라임즙 1큰술, 식용유 조금, 설탕 조금
[선택] 라임웨지 1개, 양상추 적당량, 밥 적당량

Cooking Tip

찹쌀가루는 요리에 고소함을 더해주지만 번거로울 경우 생략해도 괜찮아요.

Recipe

1. 달군 팬에 찹쌀을 넣고 갈색이 돌 때까지 10분간 뒤섞어가며 볶는다.
2. 1을 식히고 블렌더로 곱게 간다.
3. 양파를 얇게 채썬다. 홍고추와 쪽파를 송송 썬다. 허브를 굵게 다진다.
4. 다른 팬에 식용유를 두르고 돼지고기를 넣어 볶다가 돼지고기 겉면의 색이 바뀌면 설탕, 피시소스, 라임즙을 넣어 볶는다.
5. 찹쌀가루, 홍고추, 양파, 쪽파, 고수, 민트잎을 넣어 볶는다. 취향에 따라 라임웨지, 양상추, 밥 등을 곁들여 낸다.

①

④

⑤

Taiwan
07

루로우판은 대만 전역에서 찾아볼 수 있는 흔한 가정식 메뉴로 삼겹살덮밥과 비슷해요. 요즘에는 고기만 올린 루로우판이 많지만 전통적으로는 달걀을 넣어 먹어요.

대만인들의 영원한 소울 푸드

루로우판

Ingredient

[2인분] 밥 2공기, 삼겹살 250g, 달걀 2개, 청경채 2포기, 양파 1/4개, 다진 마늘 1큰술, 팔각 1개, 물 1컵, 식용유 적당량
[양념] 간장 3큰술, 설탕 1큰술, 청주 2큰술
[선택] 오향분 1/4작은술

Cooking Tip

오향분은 중국의 대표적인 5가지 향신료를 섞어 만든 향이 강한 향신료로 소량만 사용하거나 생략해도 괜찮아요.

Recipe

1. 삼겹살을 1~1.5cm 정도로 깍둑썬다. 양파를 얇게 채썬다. 달걀을 반숙으로 삶는다.
2. 식용유를 넉넉히 부어 달군 팬에 양파를 넣고 갈색이 돌 때까지 튀긴 다음 키친타월에 올려 기름기를 제거한다.
3. 달군 냄비에 식용유를 두르고 다진 마늘을 넣어 볶아 향을 낸다. 삼겹살을 넣고 겉면의 색이 변할 때까지 볶는다. 물, 양념 재료, 팔각, 튀긴 양파를 넣어 섞고 불을 살짝 줄인 다음 뚜껑을 덮어 40분간 끓인다.
   오향분이 있으면 넣어요.
4. 뚜껑을 열어 삶은 달걀을 넣고 섞어가며 조금 더 끓인다.
5. 청경채를 끓는 물에 살짝 데치고 청경채와 4의 달걀을 반으로 자른다.
6. 접시에 따뜻한 밥을 담고 돼지고기, 달걀, 청경채를 올린다.

Vietnam

08

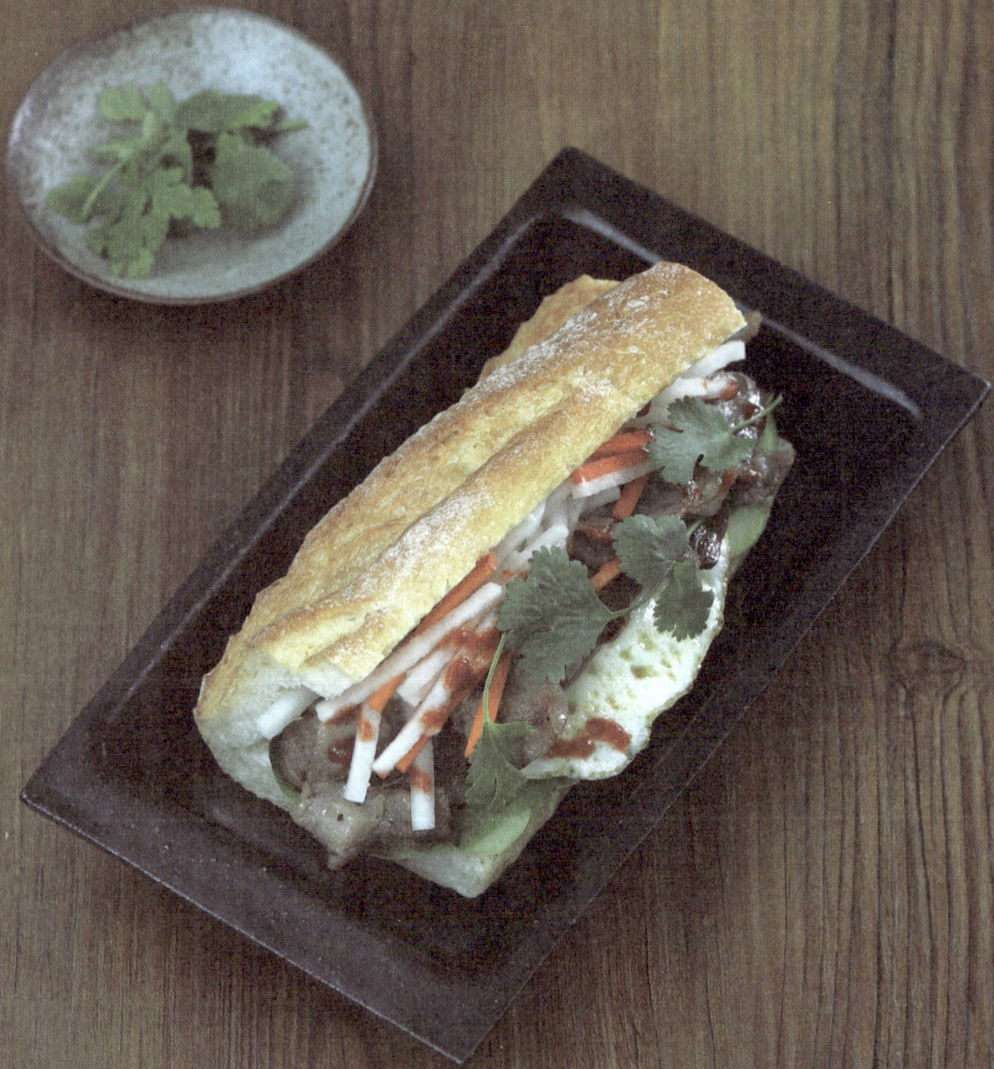

반미는 바게트 안에 볶은 고기와 무절임을 넣어 만드는 베트남식 샌드위치예요. 현지에서는 쌀가루로 만든 바게트를 쓰지만 구하기 힘들면 일반 바게트 속을 조금 뜯어내고 사용해도 좋아요.

베트남의 쌀바게트샌드위치

반미

Ingredient

[2개 분량] 쌀바게트(반미용) 2개(또는 바게트 긴 것 2/3개), 돼지고기(불고기용) 200g, 무 90g, 당근 30g, 달걀 2개, 오이 1/2개, 청상추 2장, 마요네즈 2큰술, 고수 조금, 식용유 적당량
[돼지고기양념] 설탕 1큰술, 피시소스 1큰술, 간장 1/2큰술, 맛술 1/2큰술, 후춧가루 조금
[절임양념] 설탕 1과1/2큰술, 식초 1과1/2큰술, 소금 조금
[선택] 스리라차소스 적당량

Recipe

1. 쌀바게트를 길게 반으로 가른다.
    일반 바게트는 1/3씩 잘라 가로로 반 가른 다음 속을 살짝 뜯어내요.
2. 돼지고기를 먹기 좋은 크기로 썰고 돼지고기양념에 버무려 재운다.
3. 오이를 슬라이스한다.
4. 무와 당근을 채썰고 절임양념에 버무려 재운다.
5. 팬에 식용유를 살짝 두르고 2의 돼지고기를 넣어 볶은 다음 덜어둔다.
6. 5의 팬을 닦고 식용유를 살짝 더 두른 다음 달걀을 프라이한다.
7. 바게트 안쪽에 마요네즈를 바르고 오이슬라이스 5개와 청상추 1장을 올린다. 달걀프라이, 볶은 돼지고기, 4의 무당근피클을 넣고 고수를 올린다. 취향에 따라 스리라차소스를 뿌린다.

Vietnam 09

베트남에는 벼농사가 활발한 나라답게 쌀로 만든 요리가 많아요. 그중 쌀가루 반죽을 바삭바삭하게 구워 먹는 베트남식 부침개인 반쎄오는 현지 어디에서 나 볼 수 있는 대중적인 음식이에요.

베트남식 쌀가루부침개

반쎄오

Ingredient

[4~6개 분량] 새우 6마리, 대패삼겹살 150g, 숙주 1/2줌, 양파 1/2개, 다진 마늘 1작은술, 식용유 적당량

[반죽] 쌀가루 3/4컵, 녹말가루 1큰술, 강황가루 1/2작은술, 코코넛밀크 1컵, 물 3/4컵, 소금 조금

[느억쩜] 물 4큰술, 홍고추 1/2개, 다진 마늘 1작은술, 설탕 1과1/2큰술, 라임즙(또는 레몬즙) 1큰술, 피시소스 1과1/2큰술

Recipe

1. 볼에 쌀가루, 녹말가루, 강황가루, 소금을 넣어 섞고 코코넛밀크와 물을 섞은 다음 냉장고에서 3시간~하룻밤 정도 재운다.
2. 홍고추를 송송 썬다. 새우의 머리, 꼬리, 내장, 껍질을 제거하고 반으로 가른다.
3. 작은 볼에 송송 썬 홍고추와 나머지 느억쩜 재료를 넣어 섞는다.
4. 달군 팬에 식용유를 두르고 양파와 다진 마늘을 볶아 향을 낸 다음 삼겹살을 넣어 볶는다. 삼겹살의 겉면이 익으면 새우를 넣고 재빨리 볶아 접시에 덜어둔다.
5. 달군 팬에 식용유를 두르고 1의 반죽을 한 국자 떠 올린다. 반죽이 어느 정도 익으면 반쪽에 볶은 삼겹살과 새우를 올리고 숙주를 조금 올린다.
6. 반죽이 바삭바삭하게 익으면 반으로 접어 접시에 담고 느억쩜과 함께 낸다.

Vietnam

10

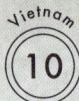

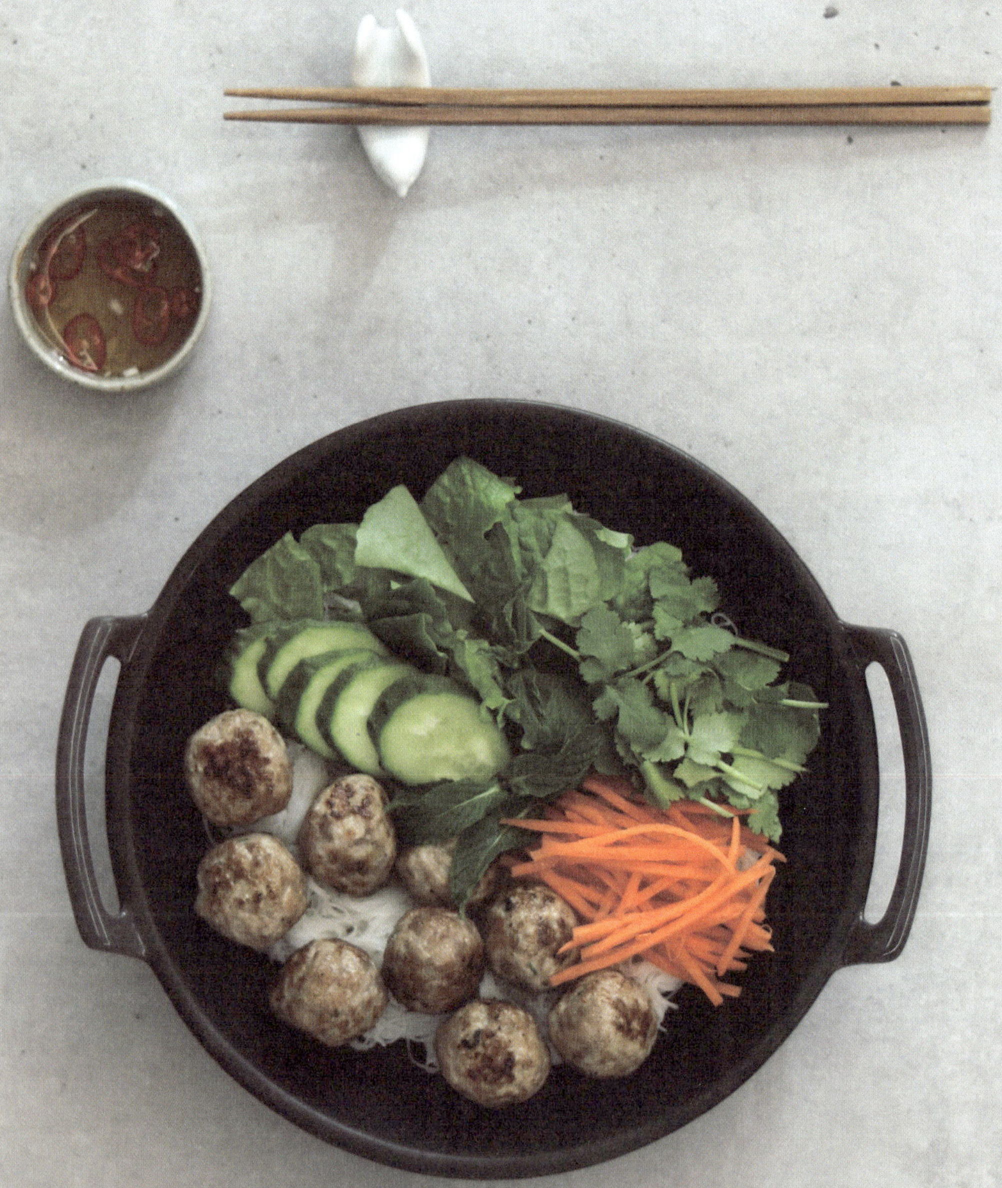

분짜는 요즘 우리나라에서도 인기를 얻고 있는 베트남 음식 중 하나죠. 비빔면처럼 소스를 끼얹어 섞지 않고 면을 소스에 적셔 먹어요.

차가운 비빔쌀국수

분짜

Ingredient

[2인분] 버미셀리 100g, 돼지고기(다짐육) 250g, 청상추 적당량, 당근 적당량, 오이 적당량, 다진 고수 1큰술, 다진 마늘 1작은술, 피시소스 1/2큰술, 설탕 1큰술, 후춧가루 조금, 식용유 조금

[느억쩜] 물 4큰술, 홍고추 1/2개, 다진 마늘 1작은술, 설탕 1과1/2큰술, 라임즙(또는 레몬즙) 1큰술, 피시소스 1과1/2큰술

[선택] 고수 적당량, 민트잎 적당량

Recipe

1. 볼에 돼지고기, 피시소스, 설탕, 다진 고수, 다진 마늘, 후춧가루를 넣어 치대고 동전 크기의 공 모양으로 빚는다.
2. 홍고추를 송송 썬다. 청상추를 한입 크기로 썬다. 당근을 채썬다. 오이를 슬라이스한다.
3. 작은 볼에 송송 썬 홍고추와 나머지 느억쩜 재료를 넣어 섞는다.
4. 달군 팬에 식용유를 살짝 두르고 1의 돼지고기완자를 노릇노릇하게 굽는다.
5. 버미셀리를 찬물에 30분간 불리고 끓는 물에 넣어 1분간 데친 다음 꺼내어 찬물에 헹군다.
   찬물에 헹군 버미셀리의 물기를 빼요.
6. 접시에 버미셀리와 돼지고기완자를 담고 상추, 당근, 오이를 올린 다음 느억쩜과 함께 낸다. 취향에 따라 고수와 민트잎을 곁들인다.

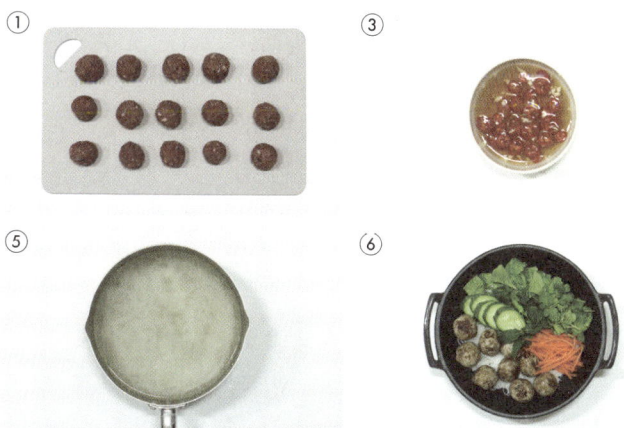

Vietnam
11

베트남식 스프링롤은 라이스페이퍼 안에 다양한 재료를 채워 넣고 싸 먹는 요리로 튀기면 짜조, 튀기지 않으면 고이꾸온이라 불러요. 땅콩소스나 느억짬소스에 찍어 먹어봐요.

라이스페이퍼에 돌돌 만 베트남식 쌈 요리

스프링롤

Ingredient

[5개 분량] 버미셀리 50g, 라이스페이퍼 5장, 새우 5마리, 당근 1/2개, 오이 1/2개, 파프리카 1/4개, 적채 1장, 청상추 5장
[땅콩소스] 땅콩버터 1큰술, 해선장 2큰술, 식초 1작은술, 다진 마늘 1/2작은술, 물 1큰술
[선택] 고수 적당량, 민트잎 적당량

Cooking Tip

취향에 따라 다양한 채소를 활용해요.

Recipe

1. 당근, 오이, 파프리카, 적채를 채썬다. 새우의 머리, 꼬리, 내장, 껍질을 제거하고 끓는 물에 데친 다음 반 가른다.
2. 버미셀리를 따뜻한 물에 불리거나 끓는 물에 익히고 찬물에 헹군다.
3. 작은 볼에 땅콩소스 재료를 넣어 섞는다.
4. 미지근한 물에 라이스페이퍼를 담가 부드럽게 만든다.
5. 라이스페이퍼를 펼치고 새우(2조각)-청상추-채썬 채소 순으로 올린다. 취향에 따라 고수와 민트잎을 올린다.
6. 라이스페이퍼의 양옆을 접어 넣고 아래에서 위로 돌돌 만 다음 반으로 자른다. 접시에 스프링롤을 담고 땅콩소스와 함께 낸다.

③

④

⑤

Singapore

12

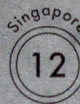

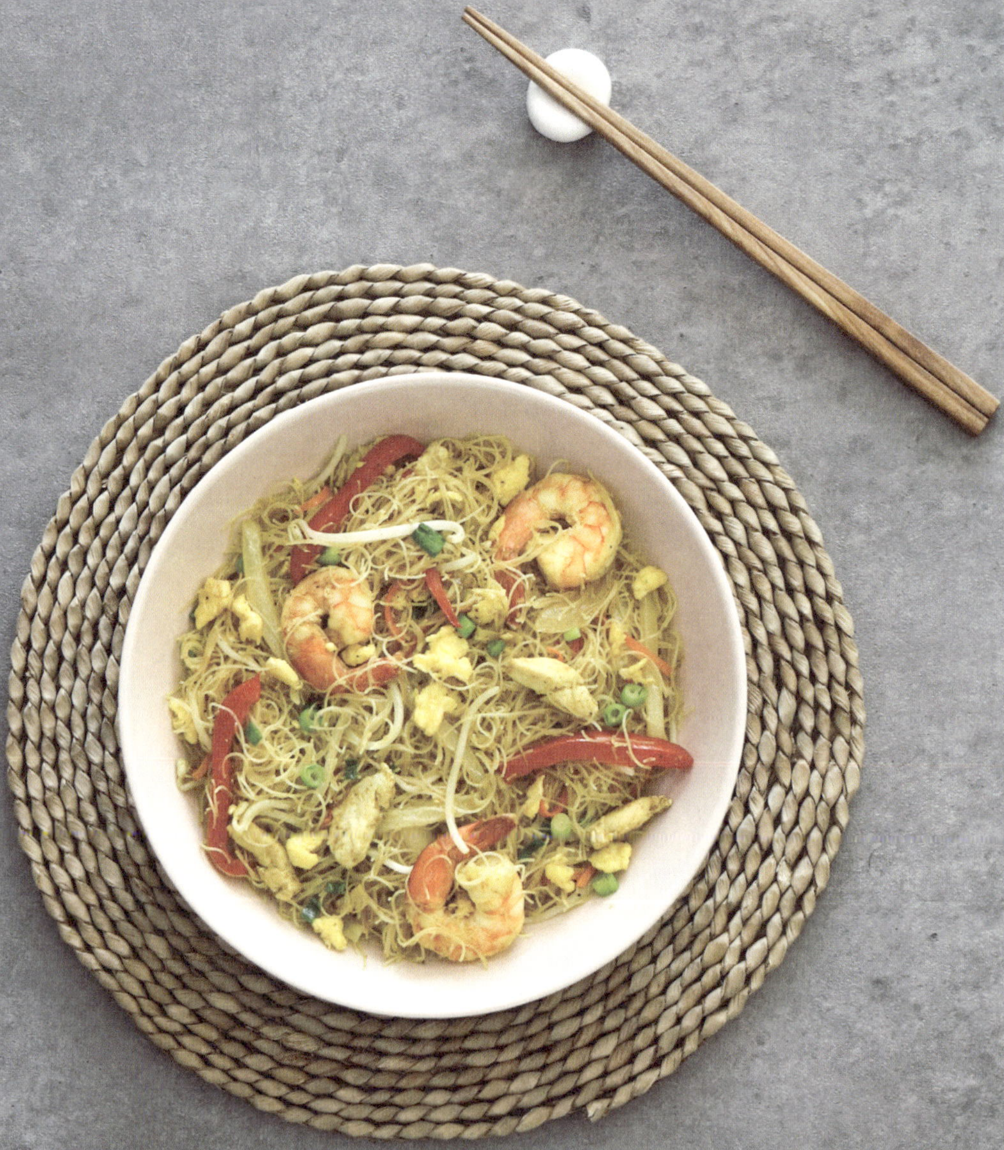

동남아 국가 식당의 메뉴판에서 '싱가포르 스타일의 볶음국수'라 적힌 음식을 자주 접할 수 있어요. 국수에 채소와 고기를 넣어 볶아내는 이 면 요리는 커리 파우더로 맛을 내는 게 특징이에요.

커리파우더로 맛을 낸

싱가포르식 볶음국수

Ingredient

[1~2인분] 버미셀리 100g, 닭가슴살 80g, 새우 6마리, 달걀 1개, 피망 1/2개, 알배기배추 2장, 당근 1/4개, 양파 1/2개, 숙주 1줌, 쪽파 2대, 다진 마늘 1작은술, 커리파우더 2작은술, 식용유 조금, 후춧가루 조금
[양념] 간장 1큰술, 굴소스 1/2큰술

Recipe

1. 피망과 닭고기를 길게 썬다. 배추, 당근, 양파를 채썬다. 쪽파를 송송 썬다. 새우의 머리, 내장, 껍질을 제거한다.
2. 버미셀리를 찬물에 10분 정도 불리고 가위로 먹기 좋게 자른다.
3. 볼에 달걀을 푼다. 달군 팬에 식용유를 살짝 두르고 달걀물을 부어 8자로 저어가며 스크램블드에그를 만든 다음 덜어둔다.
4. 팬에 식용유를 두르고 다진 마늘을 볶아 향을 낸 다음 새우와 닭고기를 넣어 30초간 볶는다.
5. 배추, 당근, 양파, 피망을 넣고 볶다가 커리파우더를 섞는다.
6. 2의 버미셀리와 양념 재료를 넣고 버무린 다음 숙주를 섞는다. 쪽파와 스크램블드에그를 섞고 후춧가루로 간한다.

Indonesia

13

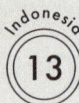

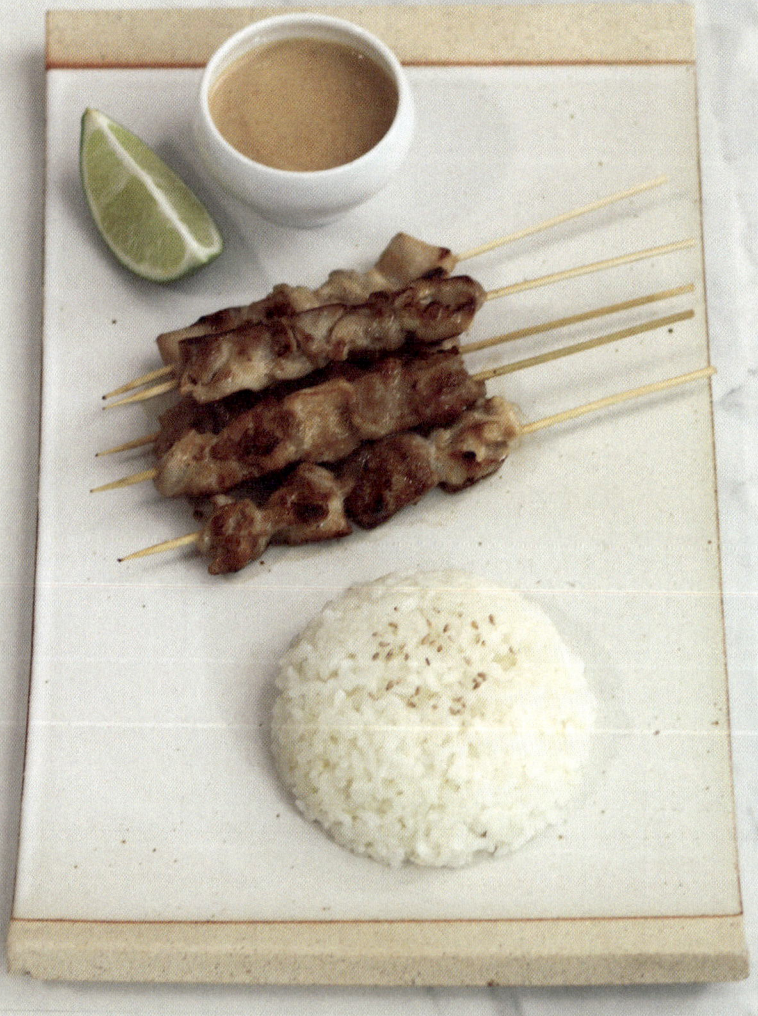

사떼는 작게 자른 고기를 양념에 재우고 꼬치에 끼워 구운 다음 고소한 땅콩 소스를 곁들여 내는 요리예요. 인도네시아 전역에서 쉽게 찾아볼 수 있는 인기 메뉴예요.

인도네시아식 꼬치구이

치킨사떼

Ingredient

(12개 분량) 닭다리살 300g, 마늘 1쪽, 홍고추 1/2개, 간장 1과1/2큰술, 코코넛오일 1큰술, 꿀 1/2작은술, 꼬치 12개

[소스] 양파 1/4개, 홍고추 1/2개, 마늘 1쪽, 코코넛오일 1큰술, 땅콩버터 3큰술, 꿀 1/2큰술, 코코넛밀크 1/2컵, 간장 1/2작은술, 피시소스 1/2작은술

Recipe

1. 블렌더에 마늘, 홍고추, 간장, 코코넛오일, 꿀을 넣어 간다.
2. 닭고기를 한입 크기로 자르고 1에 버무려 4시간 이상 재운다.
3. 소스 재료의 양파와 홍고추를 다지고 마늘을 칼등으로 눌러 으깬다.
4. 달군 팬에 소스 재료의 코코넛오일을 두르고 3의 양파, 홍고추, 마늘을 넣어 볶은 다음 땅콩버터와 꿀을 넣어 재료가 섞일 정도로만 불에 올려둔다.
5. 블렌더에 4와 소스 재료의 코코넛밀크, 간장, 피시소스를 넣어 곱게 간다.
6. 꼬치에 2의 닭고기를 4~5개씩 끼운다.
7. 달군 팬이나 그릴에 꼬치를 올려 앞뒤로 돌려가며 10분간 굽고 접시에 담은 다음 5의 소스와 함께 낸다.

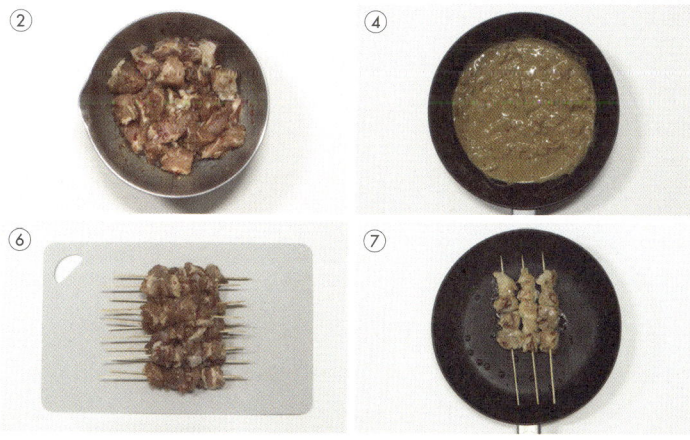

카야토스트는 우리에게 가장 친숙한 싱가포르 음식이 아닐까 싶은데요. 현지 인들은 카야토스트를 반숙으로 익힌 달걀에 찍어 먹기도 한답니다. 진하게 우린 싱가포르식 커피에 카야토스트 어때요?

빵 속에 낀 버터

카야토스트

Ingredient

1개 분량 식빵 1장, 버터 30g, 카야잼 1큰술

Cooking Tip

버터를 살짝 얼리면 쉽게 자를 수 있어요.

Recipe

1. 식빵을 가로로 반 갈라 굽고 살짝 식힌다.
2. 버터를 0.3cm 두께로 얇게 썬다.
3. 각 식빵의 한 면에 카야잼을 나눠 바르고 식빵 하나에 자른 버터를 올린다.
   카야잼을 바른 단면 위에 버터를 올려요.
4. 나머지 식빵 하나의 카야잼이 발린 면이 아래로 가게 해서 3을 덮는다.
5. 먹기 좋은 크기로 자른다.

Thailand
15

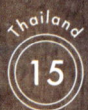

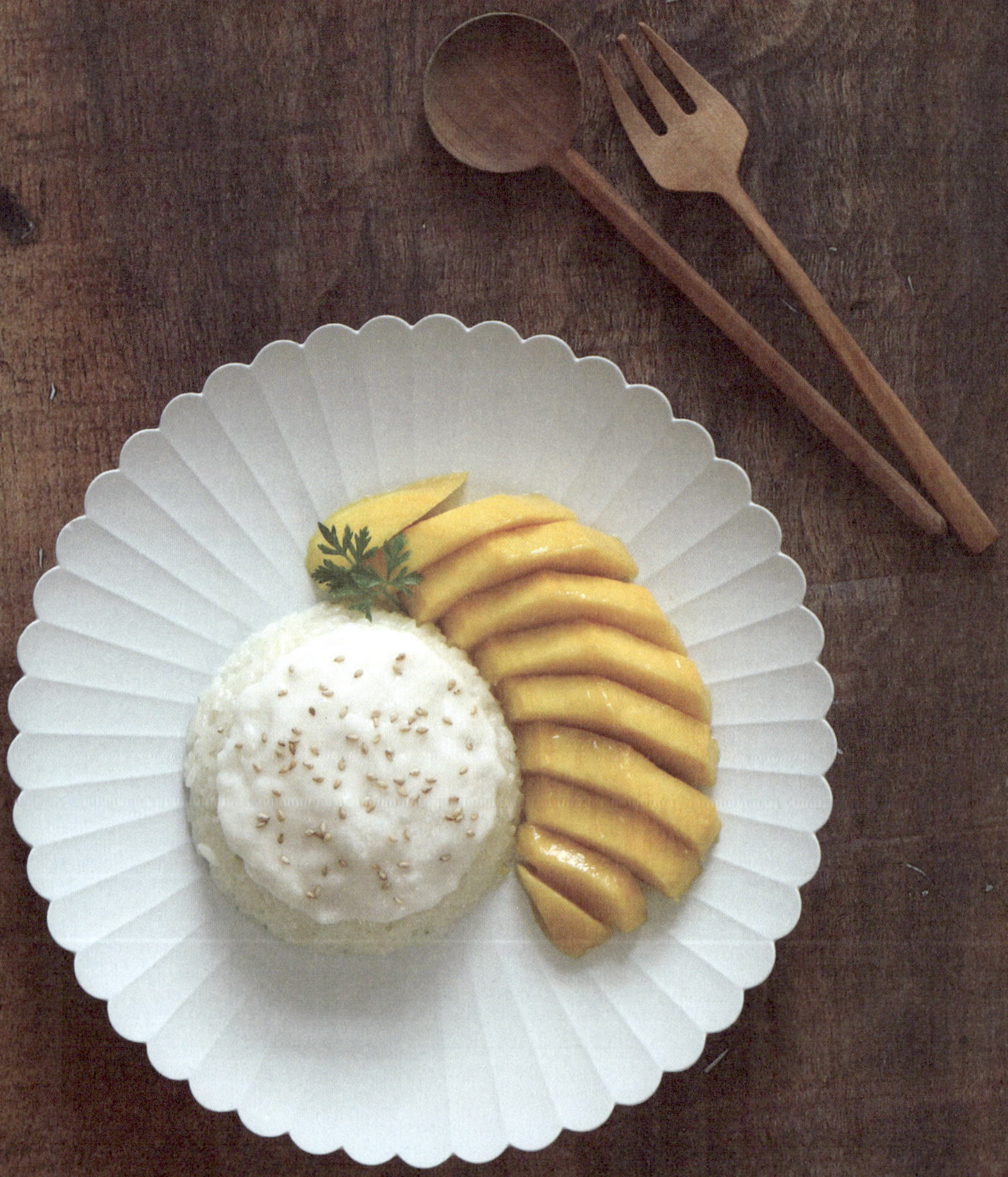

카오니아우마무앙은 우리에게 망고스티키라이스로 익숙한 태국의 국민 디저트예요. 코코넛 향이 밴 찹쌀밥과 달콤한 망고가 만나 환상적인 맛이 탄생했어요.

찹쌀과 망고로 만든 달콤한 디저트

카오니아우마무앙

Ingredient

2~4인분 찹쌀 200g, 망고 2개, 코코넛밀크 1캔(400ml), 설탕 3큰술, 소금 조금, 통깨 조금
[녹말물] 녹말가루 1큰술, 물 2큰술

Recipe

1. 찹쌀을 물에 3시간~하룻밤 정도 재운다. 불린 찹쌀의 물기를 빼고 면보에 담아 묶은 다음 찜통에 넣는다. 뚜껑을 덮어 20분간 찐다.
2. 팬에 코코넛밀크, 설탕, 소금을 넣고 가루가 녹을 정도로만 약불에서 끓인다.
3. 찐 찹쌀을 볼에 넣고 포크로 부숴가며 섞는다. 2의 분량의 반을 조금씩 나눠 넣으며 주걱으로 섞는다. 물기가 흡수되도록 10분간 그대로 뒀다가 다시 한 번 섞는다.
4. 남은 2의 반에 녹말물을 붓고 끓여 살짝 걸쭉하게 만든다.
5. 망고의 껍질을 깎고 씨를 제거한 다음 길쭉하게 썬다.
6. 찹쌀밥 위에 4의 소스를 올리고 통깨를 뿌린 다음 망고를 곁들인다.

태국어로 '카오팟'은 볶음밥을, '카이'는 닭고기를 뜻해요. 태국 요리에는 닭고기가 두루 사용되며 카오팟카이도 그중 하나랍니다.

태국식 닭고기볶음밥

카오팟카이

Ingredient

1인분 찬밥 1공기, 닭가슴살 75g, 달걀 1개, 토마토 1/4개, 오이 1/4개, 양파 1/4개, 쪽파 2대, 다진 마늘 1/2큰술, 식용유 조금
[소스] 피시소스 1큰술, 굴소스 3/4큰술, 설탕 1/2작은술

Recipe

1. 닭고기를 길게 썬다. 양파를 다진다. 쪽파를 3~4cm 길이로 썬다. 토마토를 웨지썰기한다. 오이를 슬라이스한다.
2. 달군 팬에 식용유를 두르고 다진 마늘을 볶아 향을 낸 다음 양파를 넣어 볶는다.
3. 닭고기를 넣고 겉면이 익을 때까지 볶는다. 닭고기를 팬의 가장자리로 밀어두고 달걀을 풀어 가운데에 부은 다음 8자로 저어가며 스크램블드에그를 만든다.
4. 밥과 소스 재료를 넣고 소스가 밥알에 배어들도록 섞어 볶는다.
5. 쪽파를 넣고 불을 끈 다음 밥을 다시 한 번 섞는다.
6. 접시에 밥을 담고 토마토웨지와 오이슬라이스를 올린다.

Thailand

17

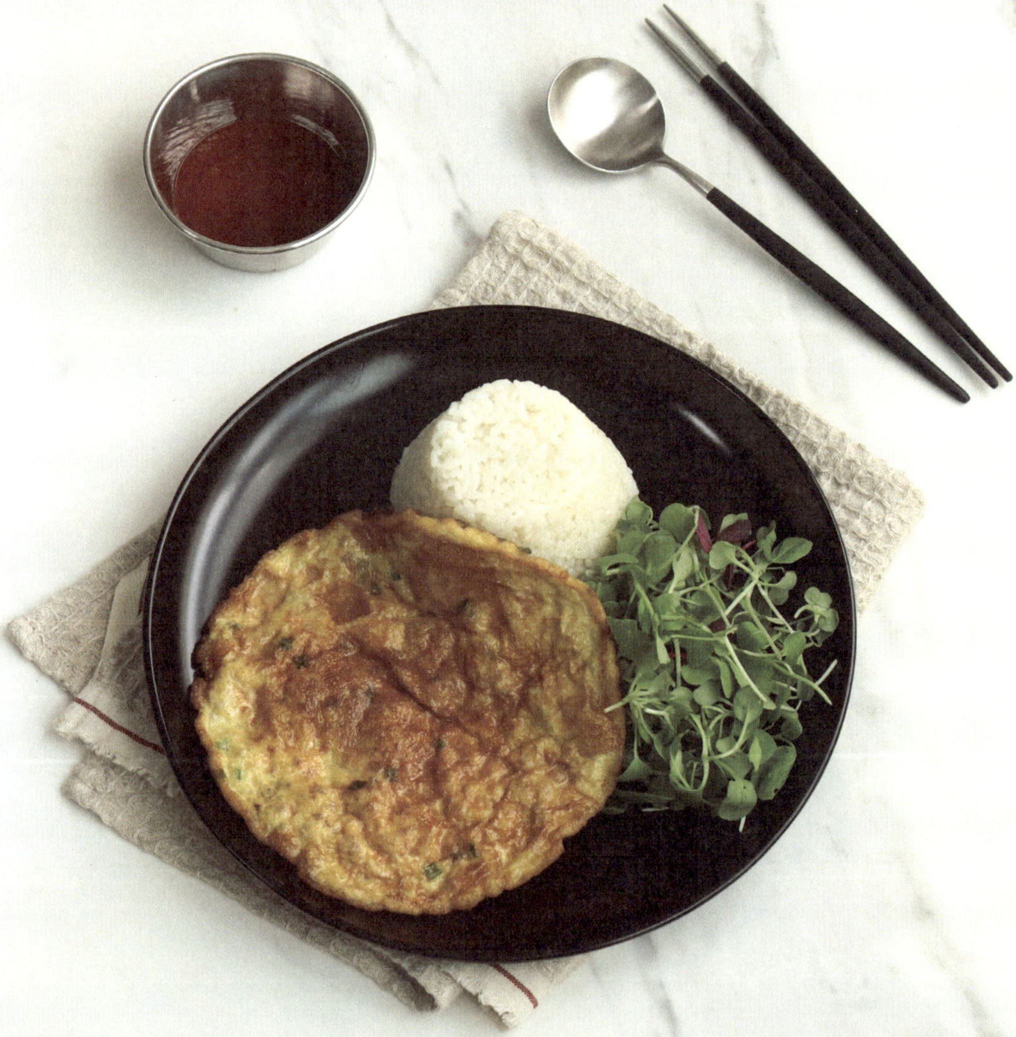

큼지막한 오믈렛이 올라간 덮밥인 카이찌여우무쌉은 태국의 대중적인 길거리 음식으로 독특한 식감과 맛을 자랑해요. 풀어둔 달걀을 튀겨서 부풀리는 게 특징이에요.

포실포실한 오믈렛덮밥

카이찌여우무쌉

Ingredient

[1인분] 밥 1공기, 돼지고기(다짐육) 2큰술, 달걀 2개, 쪽파 1대, 피시소스 1작은술, 간장 1/2작은술, 식용유 적당량
[선택] 스리라차소스 적당량

Cooking Tip

달걀을 튀길 때 온도가 너무 높으면 탈 수 있으니 온도 조절에 주의해요.

Recipe

1. 쪽파를 송송 썬다.
2. 볼에 달걀, 돼지고기, 쪽파, 피시소스, 간장을 넣고 풀어가며 섞는다.
3. 팬에 식용유를 넉넉히 부어 달구고 2를 넣은 다음 앞뒤로 노릇노릇하게 튀긴다.
4. 3을 튀김망에 잠시 올려 기름을 뺀다.
5. 접시에 밥과 오믈렛을 담는다. 취향에 따라 스리라차소스를 곁들인다.

Vietnam 18

베트남은 세계 2위의 커피 생산국이에요. 베트남 커피는 연유를 넣어 진하고 달콤한 맛으로 잘 알려져 있어요. 코코넛밀크를 베이스로 한 코코넛커피는 베트남 여행자들에게 인기랍니다.

부드러운 코코넛크림의 맛

코코넛커피

Ingredient

2잔 분량 커피 1/2컵, 연유 1/2컵, 코코넛밀크 1컵, 얼음 1컵

Cooking Tip

코코넛밀크를 살짝 얼려서 갈아주면 슬러시 같은 식감의 커피를 즐길 수 있어요.

Recipe

1. 커피를 진하게 내리고 차갑게 식힌다.
2. 블렌더에 얼음, 연유, 코코넛밀크를 넣고 간다.
3. 잔에 2를 담고 1의 커피를 붓는다.

Thailand

19

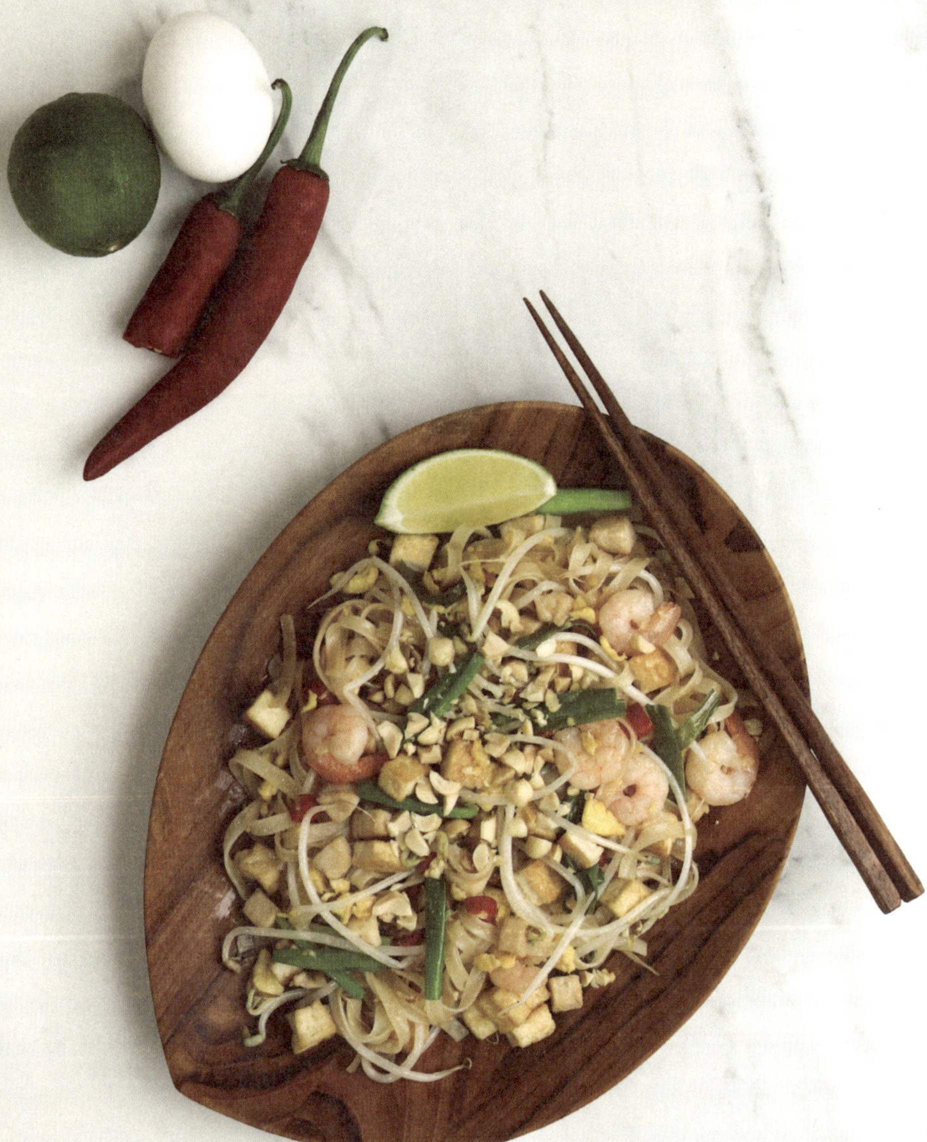

팟타이는 CNN 선정 세계 최고의 길거리 음식에 이름을 올리기도 했어요. 전통적인 레시피에는 타마린드라는 새콤달콤한 소스가 들어가지만 간장과 라임 즙만으로도 충분히 맛을 낼 수 있어요.

길거리에서 먹어야 제맛인 볶음국수

팟타이

Ingredient

[2인분] 쌀국수면 150g, 닭가슴살 60g, 칵테일새우 10마리, 달걀 1개, 두부 1/4모, 숙주 1줌, 홍고추 1개, 쪽파 3대, 다진 마늘 1/2큰술, 다진 땅콩 1~2큰술, 식용유 적당량
[소스] 간장 2큰술, 설탕 2큰술, 피시소스 1/2큰술, 라임즙 1/2큰술

Recipe

1. 작은 볼에 소스 재료를 넣고 섞는다. 홍고추를 다지고 쪽파를 4cm 길이로 썬다.
2. 쌀국수면을 찬물에 30분 정도 불리고 물기를 뺀다.
3. 두부를 사방 1cm 크기로 썰고 식용유를 두른 팬에 노릇노릇하게 굽는다. 닭고기를 작게 썰고 굽는다. 볼에 달걀을 풀고 식용유를 살짝 두른 팬에 부은 다음 8자로 저어가며 스크램블드에그를 만든다.
4. 달군 팬에 식용유를 두르고 다진 마늘과 홍고추를 볶아 향을 낸 다음 새우를 넣어 색이 변할 때까지 익힌다.
5. 3의 두부, 닭고기, 스크램블드에그를 넣어 섞는다. 불려둔 쌀국수면과 1의 소스를 넣고 면이 말랑말랑해질 때까지 볶는다. 쪽파와 숙주를 넣고 재빨리 섞은 다음 불에서 내린다.
6. 접시에 5를 담고 다진 땅콩을 뿌린다.

우리나라에 양념치킨이 있다면 베트남에는 피시소스로 만드는 폭폭윙이 있어요. 폭폭은 향신료를 절구에 찧을 때 나는 소리라고 해요. 다양한 향신료가 들어가 입안에서 풍미가 폭발한답니다.

피시소스와 허브로 맛을 낸 닭날개튀김

폭폭윙

Ingredient

[2인분] 닭날개 400g, 녹말가루 5큰술, 마늘 6쪽, 피시소스 4큰술, 설탕 4큰술, 다진 고수 조금, 다진 민트 조금, 식용유 적당량

Recipe

1. 마늘 2쪽을 다진다. 볼에 피시소스, 설탕, 다진 마늘을 넣고 섞은 다음 닭날개를 넣어 버무린다.
2. 남은 마늘 4쪽을 굵게 다진다. 식용유를 넉넉히 부어 달군 팬에서 다진 마늘을 노릇노릇하게 튀겨 마늘플레이크를 만든다.
3. 1의 볼에서 닭날개를 꺼내고 키친타월로 물기를 제거한 다음 녹말가루를 입힌다.
4. 식용유를 넉넉히 부어 달군 팬에서 닭날개를 노릇노릇하게 튀긴다.
5. 닭날개를 재워뒀던 1의 소스를 팬에 넣고 졸인 다음 튀긴 닭날개를 넣어 섞는다.
6. 접시에 닭날개를 담고 다진 고수, 다진 민트, 마늘플레이크를 뿌린다.

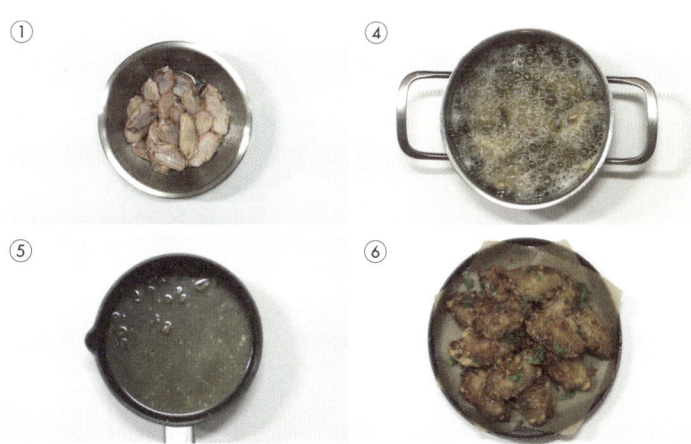

홍콩의 프렌치토스트는 버터에 굽는 서양식 프렌치토스트와 달리 기름에 튀기는 게 특징이에요. 토스트가 따뜻할 때 연유를 뿌려서 진하게 우린 차 한잔과 함께 먹어요.

달콤한 연유를 뿌려 먹는

홍콩식 프렌치토스트

Ingredient

[1~2인분] 식빵 2장, 달걀 2개, 소금 조금, 식용유 적당량
[토핑] 연유 적당량, 버터 적당량

Recipe

1. 볼에 달걀을 풀고 소금으로 간한다.
2. 달걀물에 식빵을 넣고 앞뒤로 적신다.
3. 식용유를 넉넉히 부어 달군 팬에 2를 넣어 앞뒤로 튀기듯이 굽는다.
4. 식빵에 연유를 뿌리고 버터를 올린다.

Taiwan

22

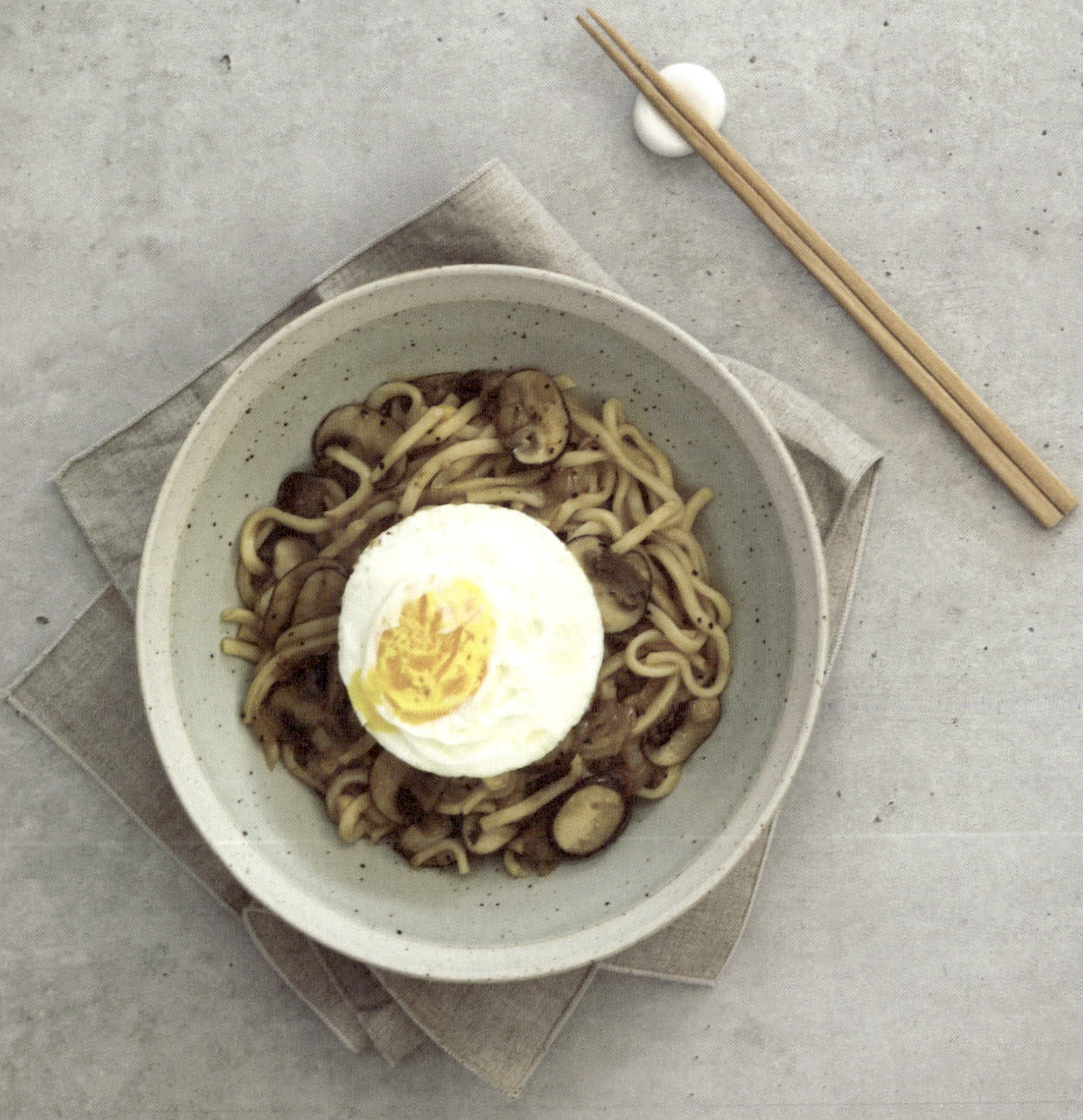

조식 문화가 발달한 대만에는 아침에만 반짝 여는 조식 전문점이 있는데, 흑후추면은 이 조식 전문점에서 맛볼 수 있답니다. 끝에 알싸한 후추맛이 느껴지는 중독성 있는 요리예요.

대만식 후추스파게티

흑후추면

Ingredient

[1인분] 야키소바면(또는 우동면) 1봉지, 달걀 1개, 양송이버섯 3개, 양파 1/2개, 다진 마늘 1작은술, 치킨스톡 1컵, 토마토소스 2큰술, 스위트콘(통조림) 2큰술, 굴소스 1큰술, 흑후추 1/2큰술, 설탕 1작은술, 버터 조금, 식용유 조금, 소금 조금

Recipe

1. 양송이버섯을 채썰고 양파를 다진다.
2. 달군 팬에 식용유를 두르고 양파를 볶다가 다진 마늘을 넣어 볶는다.
3. 양송이버섯을 넣어 볶다가 흑후추와 굴소스를 섞는다. 치킨스톡을 넣어 끓이다 토마토소스, 설탕, 소금을 넣는다.
4. 면을 넣어 풀어가며 끓이고 스위트콘과 버터를 섞는다.
5. 달걀을 프라이한다.
6. 접시에 면을 담고 달걀프라이를 올린다.

Food Trip

3.

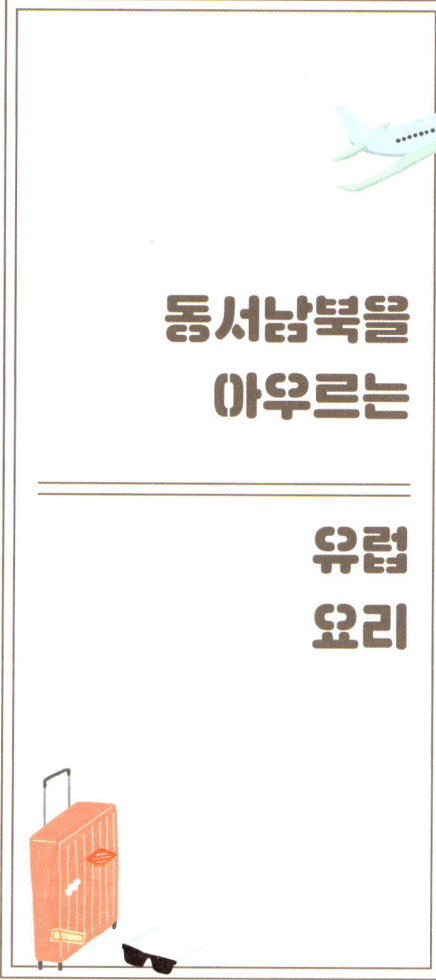

동서남북을
아우르는

유럽
요리

Spain 01

감바스알아히요는 마늘로 향을 낸 올리브오일에 새우를 익히는 스페인 요리예요. 재료는 간단하지만 풍미가 가득해 와인과 어울리는 간단 안주로 최고예요.

타파스 요리의 대표 주자

감바스알아히오

Ingredient

[2인분] 새우(중하) 12마리, 마늘 6쪽, 페퍼론치노 7~10개, 올리브오일 1컵, 바질가루 1/2작은술, 파슬리가루 1/2작은술, 소금 적당량, 후춧가루 적당량

Cooking Tip

새우를 너무 오래 익히면 질겨지니 주의해요.

Recipe

1. 마늘을 편썬다.
2. 새우의 머리, 내장, 껍질을 제거하고 소금과 후춧가루로 간한다.
3. 냄비에 올리브오일, 마늘, 페퍼론치노를 넣고 중불에서 끓인다.
4. 기포가 올라오면 새우를 넣고 소금과 후춧가루로 간한다.
5. 새우가 전체적으로 핑크빛이 돌기 시작하면 불을 끄고 바질가루와 파슬리가루를 뿌린다.
6. 잔열로 새우를 익힌다.

②

③

⑤

'굴라시'는 헝가리어로 목동을 뜻해요. 목축업이 발달했던 헝가리를 대표하는 음식인 굴라시는 유럽 전역에서 인기 있어요. 채소가 들어가 시원한 육수에 푹 삶은 고기를 밥이나 파스타와 즐겨요.

헝가리식 비프스튜

굴라시

Ingredient

(2인분) 소고기(등심) 200g, 밀가루 1큰술, 양파 1/2개, 파프리카 1개, 당근 1/2개, 레드와인 1/2컵, 토마토페이스트 1큰술, 물 1컵, 월계수잎 1개, 버터 1큰술, 올리브오일 1큰술, 파프리카가루 2작은술, 소금 조금, 후춧가루 조금, 다진 파슬리 조금
[선택] 플레인요거트 적당량

Recipe

1. 소고기를 먹기 좋은 크기로 썰고 밀가루에 버무린다.
2. 양파를 다진다. 파프리카를 큼직하게 썬다. 당근을 반달썬다.
3. 냄비에 버터와 올리브오일을 녹이고 양파를 넣어 볶는다. 소고기를 넣고 겉면이 익을 정도로만 볶는다.
4. 레드와인을 넣어 끓이다 파프리카가루와 토마토페이스트를 넣어 섞는다. 물, 월계수잎, 소금, 후춧가루를 넣고 뚜껑을 덮어 30분간 끓인다.
5. 파프리카와 당근을 넣고 뚜껑을 덮어 20~30분간 더 끓인다.
6. 월계수잎을 건져내고 필요할 경우 소금으로 간한다. 접시에 담고 다진 파슬리를 뿌린다. 취향에 따라 플레인요거트를 곁들인다.

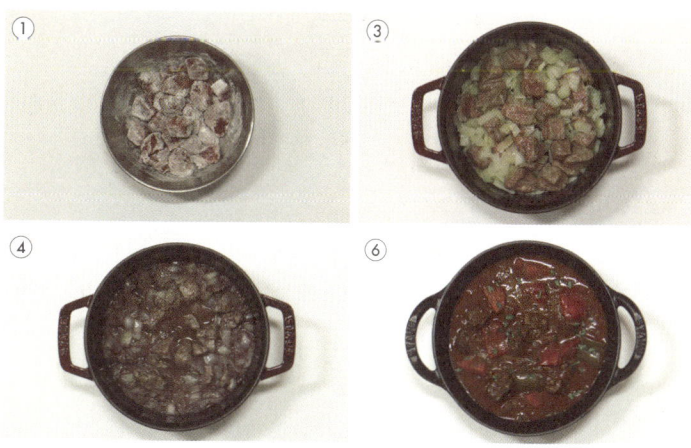

글뤼바인은 독일의 크리스마스 마켓에서 맛볼 수 있어요. 유럽인들은 과일 향과 시나몬 향이 풍부한 글뤼바인을 감기약 대용으로 마시기도 해요.

한겨울의 추위를 녹여주는 따뜻한 와인

글뤼바인

Ingredient

[1병 분량] 레드와인(드라이한 것) 1병, 레몬 1개, 오렌지 1개, 시나몬스틱 1개, 설탕 5큰술
[선택] 정향 6개

Cooking Tip

취향에 따라 설탕의 양을 조절해요.
정향은 정향나무의 꽃봉오리를 건조한 것으로 상쾌한 맛을 더해주는데 없으면 생략해도 괜찮아요.

Recipe

1. 레몬을 세로로 반 갈라 6개로 웨지썰기한다.
2. 오렌지를 0.7cm 두께로 슬라이스한다.
3. 냄비에 와인, 오렌지, 레몬, 설탕, 정향, 시나몬스틱을 넣고 중불에서 끓어오르지 않도록 15분간 끓인다.
4. 따뜻할 때 컵에 담고 시나몬스틱과 오렌지슬라이스로 장식한다.

더치베이비는 독일식 팬케이크예요. 더치(Dutch)는 '네덜란드의'를 뜻하는데 '독일의'라는 도이치(Deutsch)를 더치로 잘못 발음한 데서 더치베이비가 유래했어요.

독일식 팬케이크의 이유 있는 변신

더치베이비

Ingredient

[2인분] 버터 1큰술, 슈거파우더 적당량
[반죽] 달걀 2개, 달걀흰자 1개, 중력분 3/4컵, 우유 3/4컵, 녹인 버터 1큰술, 설탕 2큰술, 바닐라익스트랙트 1/2작은술, 소금 1/4작은술
[토핑] 과일 적당량, 메이플시럽 적당량

Cooking Tip

토핑을 올리기 전에 가운데 솟아오른 부분이 가라앉도록 잠시 기다려요.

Recipe

1. 오븐을 200도로 예열하고 주물 팬을 넣어 8분간 달군다.
2. 볼에 반죽 재료를 넣고 거품기로 섞는다.
3. 달궈진 주물 팬을 오븐에서 꺼내고 버터를 넣어 녹인다.
4. 2의 반죽을 3에 붓고 다시 오븐에 넣어 20분간 구운 다음 꺼낸다.
5. 가운데 가라앉은 부분에 토핑을 올리고 슈거파우더를 골고루 뿌린다.

Switzerland

05

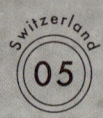

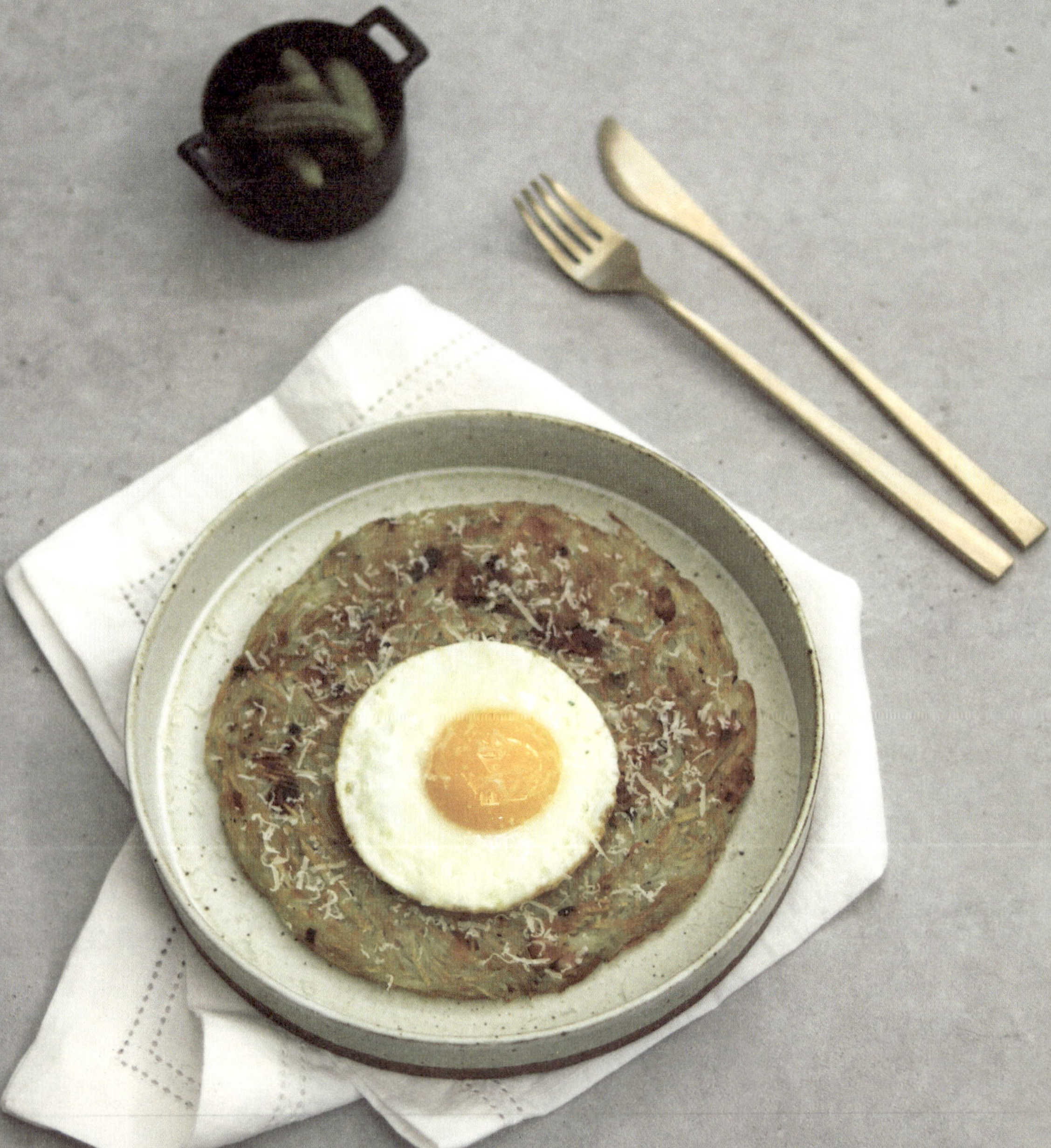

스위스의 뢰스티는 우리나라의 감자전과 매우 비슷해요. 다만 우리나라 감자전은 감자를 갈아서 부치는데 뢰스티는 감자를 얇게 채썰어 녹말기를 빼고 바삭바삭하게 굽는답니다.

스위스식 감자전

뢰스티

Ingredient

(1~2인분) 감자 3개, 베이컨(두툼한 것) 1줄, 달걀 1개, 쪽파 2대, 소금 조금, 후춧가루 조금, 식용유 조금

[선택] 파르메산치즈 적당량

Recipe

1. 감자를 채썰어 물에 헹구고 녹말기를 털어낸다. 물에 헹군 감자를 면보에 싸고 꽉 짜서 물기를 뺀다.
2. 쪽파를 송송 썰고 베이컨을 채썰거나 굵게 다진다. 마른 팬에 베이컨을 넣고 볶다가 쪽파를 넣어 볶는다.
3. 볼에 감자, 베이컨, 쪽파를 넣고 소금과 후춧가루로 간한 다음 섞는다.
4. 팬에 식용유를 두르고 3을 펼쳐 올린 다음 앞뒤로 노릇노릇하게 굽는다.
5. 달걀을 프라이한다.
6. 접시에 4를 올리고 달걀프라이를 올린다. 취향에 따라 파르메산치즈를 갈아서 뿌린다.

벨기에의 홍합 요리는 세계적으로 명성이 자자해요. 감자튀김과 함께 먹는 화이트와인소스의 홍합찜인 물(홍합)프리트(감자튀김)는 유럽 전역에서 인기 있는 메뉴예요.

벨기에식 홍합찜

물프리트

Ingredient

(2인분) 홍합 500g, 양파 1/2개, 마늘 2쪽, 화이트와인 1컵, 생크림 2큰술, 버터 1큰술, 올리브오일 1큰술, 다진 파슬리 1~2큰술, 디종머스터드(또는 홀그레인) 1작은술, 소금 조금, 후춧가루 조금

Cooking Tip

시판 냉동감자를 튀겨 곁들여 먹어요.

Recipe

1. 양파를 다지고 마늘을 편썬다.
2. 달군 팬에 버터와 올리브오일을 녹이고 양파와 마늘을 넣어 볶는다.
3. 화이트와인을 넣고 끓인 다음 소금과 후춧가루로 간한다.
4. 홍합을 손질해 넣고 뚜껑을 덮어 홍합 껍질이 벌어질 때까지 끓인다.
5. 접시에 홍합을 덜어두고 남은 소스에 생크림, 다진 파슬리, 디종머스터드를 넣어 다시 한 번 끓인다.
6. 홍합에 5의 소스를 골고루 뿌린다.

Italy
07

조개 국물을 기본으로 해서 만드는 봉골레스파게티는 이탈리아인들이 매우 좋아하는 파스타 요리예요. 깔끔하고 시원한 맛에 파스타를 처음 접하는 사람들도 맛있게 먹을 수 있답니다.

조개육수로 맛을 내 시원한

봉골레스파게티

Ingredient

1인분 링귀니(또는 스파게티면) 80g, 바지락 200g, 마늘 2~3쪽, 페퍼론치노 3개, 화이트와인 1/4컵, 파슬리가루 1/2작은술(또는 다진 생파슬리 1큰술), 올리브오일 적당량, 소금 적당량, 후춧가루 조금

Recipe

1. 마늘을 편썰고 바지락을 해감한다.
2. 끓는 물에 소금을 넣고 링귀니를 봉지에 적힌 조리 시간보다 1분 덜 조리한다.
3. 달군 팬에 올리브오일을 두르고 마늘과 페퍼론치노를 넣어 볶는다.
4. 바지락을 넣어 뒤적인다. 화이트와인을 붓고 뚜껑을 덮은 다음 바지락 껍질이 벌어질 때까지 끓인다.
5. 링귀니와 면수를 소금 넣어 섞다가 파슬리가루를 넣고 소금과 후춧가루로 간한다.
6. 올리브오일을 살짝 둘러 버무린다.

177

브루스케타는 이탈리아인의 식사에 꼭 등장하는 애피타이저예요. 불이 필요 없는 데다 간단한 재료로 만들 수 있어 농부들이 간단히 허기를 달래기 위해 만들어 먹던 음식이었다고 해요.

바삭바삭하게 구운 빵에 올려진 다양한 토핑

브루스케타

Ingredient

2인분 바게트 1/2개, 토마토 2개, 양파 1/8개, 마늘 1쪽, 올리브오일 1큰술, 발사믹식초 1큰술, 다진 바질 2큰술, 다진 마늘 1작은술, 소금 조금, 후춧가루 조금

Cooking Tip

토핑을 올리고 오래 두면 빵이 눅눅해지니 가능하면 만들어서 바로 먹거나 빵과 토마토절임을 따로 내는 게 좋아요.

Recipe

1. 토마토의 속을 파내고 과육 부분만 다진다. 양파를 다진다.
2. 볼에 올리브오일, 발사믹식초, 소금, 후춧가루를 넣고 섞는다.
3. 다른 볼에 토마토, 양파, 바질, 다진 마늘을 넣고 섞는다. 2를 넣고 버무려 소스가 배어들도록 잠시 절인다.
4. 바게트를 슬라이스하고 올리브오일을 살짝 발라 앞뒤로 노릇노릇하게 굽는다.
5. 바게트에 마늘을 문지르고 3의 토마토절임을 올린다.

UK
09

셰퍼드파이는 영국의 펍에서 흔히 볼 수 있어요. 감자, 체더치즈 등 대표적인 영국 식재료로 만들며 소고기를 사용했을 때 코티지파이, 양고기를 사용했을 때 셰퍼드파이로 나눠 부르기도 해요.

영국 서민들의 고기파이

셰퍼드파이

Ingredient

(2인분) 소고기(다짐육) 200g, 당근 1/3개, 양파 1/2개, 완두콩 30g, 밀가루 1큰술, 토마토페이스트 2큰술, 물 3/4컵, 월계수잎 1장, 우스터소스 1/2큰술, 타임가루 1/2작은술, 소금 조금, 후춧가루 조금, 식용유 조금

[매시드포테이토] 감자 2개, 체더치즈(간 것) 40g, 우유 2큰술, 버터 1/2큰술

Recipe

1. 감자의 껍질을 벗기고 큼직하게 썰어 끓는 물에 삶는다. 삶은 감자에 체더치즈, 우유, 버터를 넣고 으깨어가며 섞어 매시드포테이토를 만든다.
2. 당근과 양파를 잘게 다진다. 달군 팬에 식용유를 두르고 양파를 볶다가 당근을 넣어 볶는다.
3. 양파와 당근이 어느 정도 익으면 소고기를 넣고 주걱으로 으깨어가며 볶는다. 완두콩을 섞고 토마토페이스트와 밀가루를 넣어 볶는다.
4. 물, 월계수잎, 우스터소스, 타임가루를 넣고 국물이 거의 없도록 졸인다. 월계수잎을 건져내고 소금과 후춧가루로 간한다.
5. 오븐 용기에 4를 깔고 1의 매시드포테이토를 덮는다.
   포크로 긁어 무늬를 만들어요.
6. 220도로 예열한 오븐에서 20~25분간 굽는다.

Sweden 10

쇠트불라르는 스웨덴의 가구 전문점 이케* 열풍에 힘입어 전 세계에 이름을 알린 미트볼 요리예요. 미트볼이 소파를 팔아준다고 할 정도로 국적을 불문하고 인기가 많은 스웨덴 음식이랍니다.

스웨덴식 미트볼

쇠트불라르

Ingredient

[2~3인분] 소고기(다짐육) 200g, 돼지고기(다짐육) 200g, 달걀노른자 1개, 빵가루 4큰술, 양파 1/2개, 소금 조금, 후춧가루 조금, 식용유 적당량

[그레이비소스] 버터 1과1/2큰술, 밀가루 2큰술, 비프스톡 2컵, 사워크림(또는 그릭요거트) 5큰술, 소금 조금, 후춧가루 조금

[매시드포테이토] 감자 2개, 우유 2큰술, 버터 1큰술, 소금 적당량, 후춧가루 조금

[선택] 다진 파슬리 적당량

Cooking Tip

고기를 반죽할 때 너트메그가루를 소량 추가하면 고기의 잡내를 잡을 수 있어요.

Recipe

1. 양파를 작게 다지고 달군 팬에 식용유를 두른 다음 숨이 죽도록 볶아서 식힌다. 볼에 소고기, 돼지고기, 빵가루, 달걀노른자, 양파를 넣고 소금과 후춧가루로 간해 치댄다.
2. 1의 반죽을 지름 4~5cm 정도의 원으로 동그랗게 빚는다.
3. 달군 팬에 식용유를 두르고 2를 넣어 겉면을 노릇노릇하게 익힌 다음 덜어둔다.
4. 같은 팬에 버터를 녹이고 밀가루를 넣어 1분간 볶아 루를 만든다. 비프스톡을 넣어 끓이다가 사워크림을 섞고 소금과 후춧가루로 간한 다음 살짝 끓인다.
   루는 밀가루와 버터를 볶은 것으로 소스에 걸쭉함을 더해요.
5. 미트볼을 다시 넣고 소스를 끼얹어가며 8분간 뭉근하게 끓여 그레이비소스를 만든다.
6. 감자의 껍질을 벗기고 큼지막하게 썬 다음 끓는 물에 소금을 살짝 넣어 삶는다. 볼에 삶은 감자, 우유, 버터를 넣고 소금과 후춧가루로 간한 다음 으깨어 매시드포테이토를 만든다.
   매셔나 포크로 감자를 으깨요.
7. 접시에 미트볼과 매시드포테이토를 담는다. 취향에 따라 파슬리를 다져 뿌린다.

그리스의 대표 음식인 수블라키는 고기를 잘라 꼬치에 끼우고 숯불에 굽는 요리예요. 원래 피타라는 빵 안에 채소를 넣고 싸 먹지만 구하기 힘들면 시판 토르티야로 대신해요.

그리스식 고기꼬치구이

수블라키

Ingredient

[4꼬치 분량] 토르티야 2~4장, 닭다리살(또는 닭가슴살) 300g, 꼬치(산적용) 4개, 차지키 적당량, 식용유 조금

[마리네이드] 올리브오일 1큰술, 레몬즙 2큰술, 다진 마늘 1작은술, 건오레가노 1큰술, 소금 조금, 후춧가루 조금

[토핑] 양상추 적당량, 토마토 적당량, 레몬 적당량

Cooking Tip

차지키 만드는 방법은 P.199를 참고해요.

Recipe

1. 볼에 마리네이드 재료를 섞고 닭고기를 넣어 버무린 다음 3시간~하룻밤 정도 냉장고에 재운다.
2. 닭고기를 먹기 좋은 크기로 썰고 꼬치 4개에 나눠 꽂는다.
3. 달군 팬에 식용유를 두르고 닭꼬치를 앞뒤로 노릇노릇하게 굽는다.
4. 토마토를 슬라이스하고 레몬을 웨지썰기한다.
5. 토르티야에 양상추, 3의 닭꼬치, 토마토슬라이스, 레몬웨지를 올리고 차지키를 곁들여 낸다.

Austria
12

슈니첼은 돈가스와 달리 별도의 소스 없이 고기를 얇고 넓게 펴서 튀겨요. 돼지고기보다 비너슈니첼이라는 송아지고기슈니첼을 더 많이 먹어요. 독일에서도 대중적으로 먹는 요리랍니다.

오스트리아식 돈가스

슈니첼

Ingredient

(2인분) 돼지고기(등심) 2장, 달걀 1개, 밀가루 1/2컵, 빵가루 1컵, 레몬 1/4개, 파슬리가루 조금, 소금 조금, 후춧가루 조금, 식용유 적당량

Recipe

1. 돼지고기를 고기 망치로 두들겨 넓게 펼치고 소금과 후춧가루로 간한다.
2. 볼에 달걀을 푼다.
3. 돼지고기에 밀가루-달걀물-빵가루 순으로 튀김옷을 입힌다.
4. 식용유를 넉넉히 부어 달군 팬에 3을 넣고 앞뒤로 노릇노릇하게 튀긴다.
5. 레몬을 웨지썰기한다.
6. 접시에 4와 레몬웨지를 담고 파슬리가루를 뿌린다.
   감자튀김을 곁들이면 좋아요.

UK
13

스카치에그는 식당에서 볼 수 없는 영국의 슈퍼마켓 음식으로 유명 찻집 포트넘앤메이슨에서 처음 만들어졌어요. 달걀 대신 메추리알을 사용하면 도시락용, 아이 간식용으로 좋아요.

영양 만점 달걀크로켓

스카치에그

Ingredient

(4개 분량) 달걀 4개(또는 메추리알 8개), 밀가루 2큰술, 식용유 적당량
[튀김옷] 밀가루 1/4컵, 달걀 1개, 빵가루 1컵
[반죽] 돼지고기(다짐육) 200g, 달걀흰자 1개, 빵가루 3큰술, 다진 마늘 1작은술, 다진 파슬리 1큰술(또는 건파슬리 1/2작은술), 소금 조금, 후춧가루 조금
[선택] 머스터드 적당량, 케첩 적당량

Cooking Tip

취향에 따라 달걀을 반숙이나 완숙으로 삶아요.

고기반죽에 다양한 허브를 추가하면 더욱 맛있어요.

Recipe

1. 끓는 물에 달걀을 넣고 8~9분간 반숙으로 삶는다.
2. 돼지고기에 다진 마늘, 파슬리, 빵가루, 달걀흰자를 넣고 소금과 후춧가루로 간해 치댄다.
3. 삶은 달걀의 껍질을 벗기고 밀가루에 굴린 다음 2의 반죽으로 감싼다.
4. 달걀을 풀고 밀가루-달걀물-빵가루 순으로 튀김옷을 입힌다.
5. 식용유를 넉넉히 부어 달군 팬에 노릇노릇하게 튀긴다. 취향에 따라 머스터드, 케첩 등의 소스를 곁들인다.

UK
14

스콘은 영국인들의 티타임에 빠지지 않는 빵이에요. 스콘에 딸기잼과 클로티드크림을 발라 먹으면 홍차와 잘 어울리는 티푸드로 변신해요. 스콘은 미국의 비스킷과 달리 폭신하답니다.

따뜻한 차 한잔과 함께 먹는 부드러운 맛

스콘

Ingredient

[7~8개 분량] 달걀 1개, 중력분 250g, 베이킹파우더 1큰술, 버터(차가운 것) 50g, 우유 1/2컵(반죽용)+2큰술(바름용), 설탕 3큰술, 소금 조금

Cooking Tip

반죽을 많이 치대면 글루텐이 생기니 과하게 섞지 않아요.

Recipe

1. 볼에 중력분, 베이킹파우더, 설탕, 소금을 넣어 섞는다. 차가운 버터를 깍둑썰고 볼에 넣어 섞는다.
    푸드프로세서로 버터를 끊어가며 돌리거나 스크래퍼로 버터를 잘라가며 섞어요.
2. 다른 볼에 달걀과 우유를 섞는다.
3. 1에 2를 넣고 주걱으로 날가루가 보이지 않을 정도로 섞은 다음 냉장고에서 30분간 휴지시킨다.
4. 밀대로 반죽을 2~3cm 두께로 밀고 인형 틀로 찍어낸다.
5. 찍어낸 반죽의 윗면에 양념 솔로 우유를 바른다.
6. 200도로 예열한 오븐에서 12~15분간 굽는다.

191

Austria
15

비엔나커피 하면 휘핑크림이 잔뜩 올라간 커피를 연상하는데요. 정통 아인슈패
너는 크림을 걸쭉할 정도로만 휘핑해 올려 먹는답니다.

진짜 비엔나커피

아인슈패너

Ingredient

(1잔 분량) 에스프레소샷 2잔, 물(뜨거운 것) 1/2컵, 생크림 1/2컵, 설탕 1큰술
[선택] 코코아파우더 적당량

Cooking Tip

에스프레소는 1샷당 30ml를 추출해 사용해요.

Recipe

1. 볼에 생크림과 설탕을 넣고 거품기로 요거트 정도의 농도로 휘핑한다.
2. 에스프레소를 내린다.
3. 컵에 물과 에스프레소를 붓는다.
4. 1의 크림으로 잔을 채운다. 취향에 따라 코코아파우더를 뿌린다.

'아포가토'는 이탈리아어로 '물에 빠지다'라는 뜻이에요. 차가운 아이스크림에 갓 내린 에스프레소를 뿌리면 달콤 쌉싸름한 커피 맛을 즐길 수 있어요.

커피와 아이스크림의 환상적인 만남

아포가토

Ingredient

(1잔 분량) 에스프레소샷 1잔, 아이스크림 1스쿱

Cooking Tip

에스프레소는 1샷당 30ml를 추출해 사용해요.

아이스크림을 1스쿱 추가할 때마다 에스프레소샷 분량을 1잔씩 늘려요.

Recipe

1. 아이스크림을 컵에 동그랗게 퍼 담고 커피를 내리는 동안 냉동실에 넣어둔다.
2. 에스프레소를 내린다.
3. 냉동실에서 아이스크림을 꺼내고 그 위에 에스프레소를 붓는다.

UK

17

애플크럼블은 2차 세계 대전 당시 페이스트리를 대신해 손쉽게 만들 수 있는 소보로를 사용하게 되면서 만들어진 요리라고 해요. 따뜻할 때 커스터드나 아이스크림을 곁들이면 더욱 맛있어요.

구운 사과 디저트

애플크럼블

Ingredient

(2~4인분) 사과(큰 것) 1개(또는 작은 것 2개), 레몬즙 1작은술, 시나몬가루 1작은술, 설탕 1큰술

[크럼블] 박력분 1컵, 버터 4큰술, 땅콩버터 1큰술, 설탕 3큰술

Cooking Tip

푸드프로세서 대신 스크레이퍼로 버터를 자르듯이 섞어도 좋아요.

Recipe

1. 푸드프로세서에 크럼블 재료를 넣고 짧게 끊어가며 돌려 작은 알갱이가 되도록 섞는다.
2. 볼에 1을 담고 손으로 비벼가며 조금 더 큰 알갱이로 뭉쳐지도록 소보로화한다.
3. 사과의 껍질을 벗기고 나박썬다.
4. 볼에 사과, 레몬즙, 시나몬가루, 설탕을 넣어 버무린다.
5. 오븐 용기에 4를 평평하게 깔고 2의 소보로를 올린다.
6. 180도로 예열한 오븐에서 30분간 굽는다.

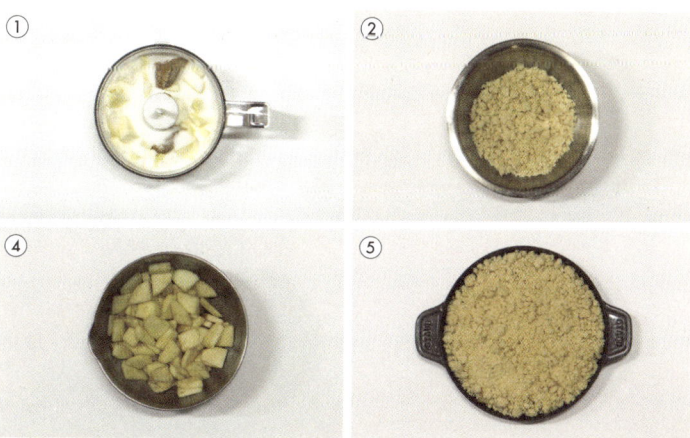

Greece 18

차지키는 직화 구이한 고기 요리로 유명한 그리스에서 고기와 꼭 함께 나오는 소스예요. 깔끔하고 시원한 맛이 기름진 고기와 잘 어울려요. 터키나 중동에서도 즐겨 먹는답니다.

그리스식 요구르트소스

차지키

Ingredient

(2~4인분) 그릭요거트 150g, 오이 3/4개, 다진 마늘 1작은술, 올리브오일 1/2큰술, 레몬즙 1/2큰술, 소금 조금, 후춧가루 조금
[선택] 딜가루 1/2작은술

Cooking Tip

차지키와 고기는 궁합이 가장 잘 맞지만 고기 외에 채소 등에 곁들여도 아주 맛있어요.

Recipe

1. 오이를 강판에 갈아 얇게 채썰고 소금을 뿌려 10분 정도 절인 다음 물기를 완전히 뺀다.
2. 볼에 그릭요거트, 레몬즙, 다진 마늘, 올리브오일을 넣고 소금과 후춧가루로 간해 섞는다.
3. 2에 1의 오이를 넣어 섞는다.

Spain 19

보통 스페인에서는 추로스를 아침에 초콜릿소스에 찍어 먹는다고 해요. 스페인 산악 지대에 사는 '추로'라는 양의 뿔 모양과 비슷해 그 이름이 붙여졌어요.

초콜릿소스에 찍어야 제맛인 바삭바삭한 간식

추로스

Ingredient

(20~25개 분량) 밀가루 1컵, 달걀 1개, 물 1컵, 버터 2와1/2큰술, 설탕 2큰술, 소금 1/2작은술, 바닐라익스트랙트 1/2작은술
[시나몬슈거] 설탕 1/2컵, 시나몬가루 1/2큰술
[초콜릿소스] 다크초콜릿 100g, 생크림 1/2컵

Recipe

1. 넓은 그릇에 시나몬슈거 재료를 섞는다.
2. 팬에 물, 버터, 설탕, 소금, 바닐라익스트랙트를 넣고 약불에서 끓인다. 버터가 녹고 가장자리가 끓어오르기 시작하면 밀가루를 넣어 주걱으로 섞는다. 불에서 내려 살짝 식히고 달걀을 풀어 섞는다.
3. 반죽을 별 모양 깍지를 씌운 짤주머니에 넣는다. 식용유를 넉넉히 부어 달군 냄비에 반죽을 길쭉하게 짜 넣고 노릇노릇하게 튀긴다.
4. 튀김망에 올려 잠시 기름을 빼고 온기가 남았을 때 시나몬슈거에 굴린다.
5. 팬에 생크림을 넣어 약불에서 살짝 끓이고 조각으로 부순 초콜릿을 섞어 초콜릿소스를 만든다.
6. 추로스와 초콜릿소스를 함께 낸다.

Italy 20

원조 카르보나라는 크림을 넣지 않고 달걀과 치즈로만 만드는 고소한 파스타 예요. 치즈를 듬뿍 갈아 넣은 정통 카르보나라를 만들어봐요.

크림이 들어가지 않는 정통 이탈리아식 파스타

카르보나라

Ingredient

[1인분] 스파게티면 85g, 베이컨(두툼한 것) 1/2줄, 달걀 1개, 마늘 1쪽, 올리브오일 1큰술, 버터 1큰술, 파르메산치즈(간 것) 1~2큰술, 후춧가루 조금, 소금 조금
[선택] 다진 파슬리 적당량, 파르메산치즈(간 것) 적당량

Recipe

1. 베이컨을 굵게 썰고 마늘을 칼등으로 눌러 으깬다.
2. 볼에 달걀을 풀어 후춧가루로 간하고 파르메산치즈를 섞는다.
3. 끓는 물에 소금을 살짝 넣고 스파게티면을 삶는다.
4. 팬에 올리브오일과 버터를 넣어 녹이고 1의 마늘을 볶다가 베이컨을 넣어 볶는다.
5. 마늘을 빼내고 파스타면과 면수를 조금 넣어 섞는다.
6. 불을 끄고 2를 넣어 재빨리 섞은 다음 소금과 후춧가루로 간한다.
   취향에 따라 다진 파슬리와 파르메산치즈를 뿌려요.

②

④

⑥

카망베르치즈의 껍질을 살짝 벗기고 다양한 허브와 마늘을 함께 구우면 빵, 채소, 고기 등에 곁들일 수 있는 풍미 좋은 프랑스식 퐁뒤가 완성돼요.

오븐에 구운 치즈

카망베르로티

Ingredient

[2~4인분] 카망베르치즈 1개, 타임, 로즈메리 등의 허브 적당량, 마늘 2~3쪽, 화이트와인 1큰술, 올리브오일 1큰술, 통후추 조금

Cooking Tip

마늘과 허브 대신 꿀과 견과류를 올려도 좋아요.

Recipe

1. 마늘을 편썬다.
2. 카망베르치즈의 포장을 벗기고 가장자리에서 1cm 안에 동그랗게 칼집을 낸 다음 껍질을 살짝 걷어낸다.
3. 2의 안에 마늘과 허브를 올린다.
4. 올리브오일과 화이트와인을 뿌리고 통후추를 갈아 뿌린다.
5. 180도로 예열한 오븐에서 15~20분간 굽는다.

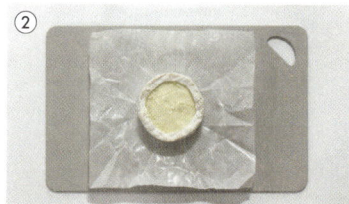

Ireland 22

콜캐논은 아일랜드의 전통 명절 요리 중 하나예요. 아일랜드의 핼러윈인 삼하인 때 콜캐논 안에 반지, 골무, 동전을 숨겨뒀다 찾는데, 반지는 결혼, 골무는 비혼, 동전은 부를 상징한다고 해요.

아일랜드식 매시드포테이토

콜캐논

Ingredient

[2인분] 감자(큰 것) 2개(또는 작은 것 3개), 베이컨 2줄, 양배추 1/6통, 양파 1/4개, 쪽파 2대, 버터 1과1/2큰술(요리용) + 1조각(장식용), 우유(또는 생크림) 1큰술, 소금 적당량, 후춧가루 조금

Recipe

1. 양배추와 양파를 채썬다. 쪽파를 송송 썬다. 감자의 껍질을 벗기고 큼직하게 썬다.
2. 베이컨을 바삭바삭하게 굽고 잘게 다진다.
3. 베이컨을 구운 팬에 양배추와 양파를 볶고 덜어둔다.
4. 끓는 물에 소금을 조금 넣고 감자를 넣어 익힌다. 볼에 익은 감자를 넣어 으깨고 버터(요리용)와 우유를 넣어 섞는다.
5. 볶은 양배추, 양파, 베이컨 2/3 분량, 쪽파를 넣어 섞고 소금과 후춧가루로 간한다.
6. 접시에 5를 담고 버터(장식용)를 올린 다음 남은 베이컨을 뿌린다.

Germany
23

구운 소시지 위에 커리파우더를 섞은 토마토소스를 뿌려 내는 쿠리부어스트는
독일인들이 간식거리로 즐겨 먹는 소시지 요리예요.

토마토소스가 뿌려진 소시지구이

쿠리부어스트

Ingredient

[1~2인분] 소시지 2개, 커리파우더 1작은술, 케첩 4큰술, 물 4큰술, 우스터소스 1/2작은술, 타바스코소스 1/2작은술, 버터 1작은술

Cooking Tip

돼지고기로 만든 소시지를 사용해요.

감자튀김과 함께 내면 좋아요.

Recipe

1. 팬에 버터를 녹인다.
2. 케첩, 물, 우스터소스, 타바스코소스를 넣고 끓이다가 커리파우더를 넣어 걸쭉해지도록 끓인다.
3. 소시지를 노릇노릇하게 굽고 먹기 좋은 크기로 썬다.
4. 접시에 소지지를 담고 2의 소스를 끼얹은 다음 커리파우더를 조금 더 뿌린다.

①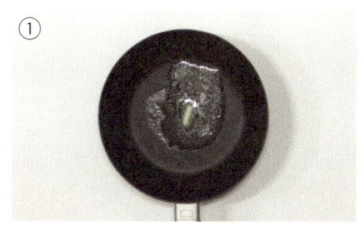

②

③

France

24

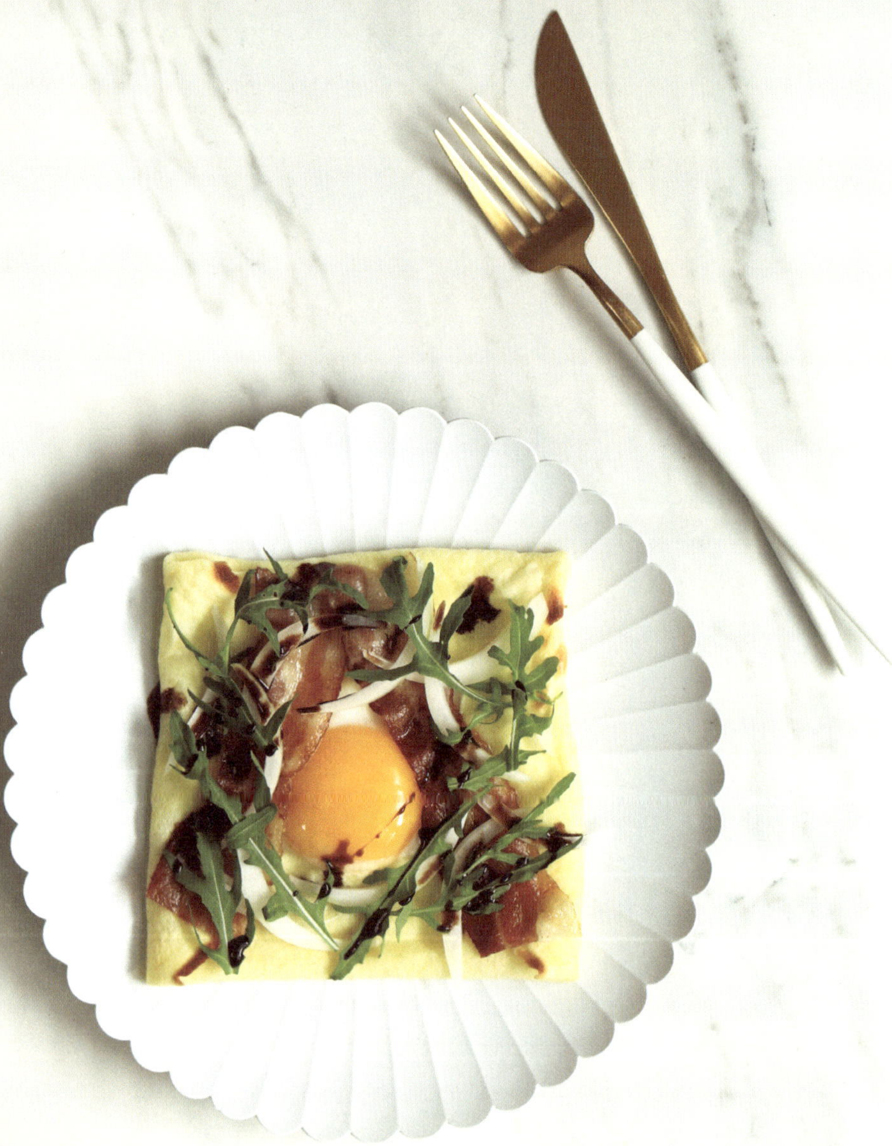

프랑스에서는 디저트보다는 햄과 치즈 등을 넣은 식사로서 크레페를 더 많이 먹어요. 달걀, 햄, 채소를 크레페 위에 한꺼번에 올려 맛과 영양을 모두 챙길 수 있어요.

식사 대용으로 먹는 사각형의 크레페

크레페스퀘어

Ingredient

2인분 베이컨 4줄, 햄 2장, 달걀 2개, 양파 1/8개, 루콜라 조금, 버터 조금, 발사믹 크림 조금, 소금 조금, 후춧가루 조금

[반죽(4~5장 분량)] 달걀 2개, 밀가루 120ml, 우유 180ml, 녹인 버터 1과1/2큰술, 설탕 1/2큰술, 소금 조금

Cooking Tip

크레페 1장당 달걀 1개, 햄 1장, 베이컨 2줄을 사용해요.

Recipe

1. 베이컨을 바싹 굽고 양파를 얇게 썬다.
2. 볼에 반죽 재료를 넣어 섞고 15분간 휴지시킨다. 중약불로 달군 팬에 버터를 살짝 녹이고 반죽을 부은 다음 팬을 돌려가며 얇게 편다. 크레페를 앞뒤로 1~2분씩 노릇노릇하게 굽는다.
3. 구운 크레페 가운데에 햄을 올린다.
4. 햄 위에 달걀을 깨 올린다. 달걀흰자를 풀 삼아 크레페 끝을 안으로 접어 붙여 사각형을 만든다.
5. 소금과 후춧가루를 살짝 뿌리고 175도로 예열한 오븐에서 10분간(또는 달걀흰자가 익을 때까지) 굽는다.
6. 베이컨, 루콜라, 양파를 올리고 발사믹크림을 뿌린다.

크렘브륄레에는 부드럽고 바삭바삭한 식감이 공존해요. 특별한 날을 위해 미리 만들어 냉장고에 차게 보관했다가 먹기 직전에 설탕을 뿌려 토치로 구워내봐요.

바삭바삭한 캐러멜토핑이 얹어진 디저트

크렘브륄레

Ingredient

(4개 분량) 달걀노른자 3개, 생크림 1과1/2컵, 우유 1/2컵, 설탕 3큰술(요리용) + 4큰술(캐러멜토핑용), 바닐라익스트랙트 1/2작은술

Recipe

1. 냄비에 생크림, 우유, 바닐라익스트랙트를 넣어 섞고 불에 올려 데운다.
2. 볼에 달걀노른자와 설탕(요리용)을 넣어 섞고 1을 조금씩 부어가며 섞는다.
3. 라메킨에 반죽을 나눠 담는다.
   라메킨은 오븐에 넣을 수 있는 작은 원형 그릇이에요.
4. 오븐용 팬에 뜨거운 물을 2~3cm 정도 붓고 3을 넣은 다음 160도로 예열한 오븐에서 30~40분간 굽는다.
5. 4를 오븐에서 꺼내 차갑게 식힌다.
6. 크렘브륄레 1개당 설탕(캐러멜토핑용)을 1큰술씩 뿌리고 토치로 설탕을 녹인 다음 굳힌다.

프랑스의 비스트로에서 빠지지 않는 메뉴인 크로크마담은 식은 샌드위치를 난로에 올려 데워 먹던 데서 유래했어요. 달걀을 얹으면 크로크마담, 달걀을 빼면 크로크무슈라는 이름으로 불려요.

프렌치 비스트로의 대표 메뉴

크로크마담

Ingredient

[2개 분량] 식빵 4장, 달걀 2개, 브런치햄 4장(또는 슬라이스햄 2장), 슬라이스치즈 2장, 그뤼에르치즈(또는 모차렐라치즈)(간 것) 1/2컵, 파슬리가루 조금

[베샤멜소스] 버터 2큰술, 밀가루 2큰술, 우유 1컵, 디종머스터드 1작은술, 소금 조금, 후춧가루 조금

Cooking Tip

루(roux)는 같은 양의 버터와 밀가루를 볶아 만든 것으로 소스를 걸쭉하게 만드는 역할을 해요. 원하는 소스 색의 진하기에 따라 루를 볶는 시간을 조절해요.

Recipe

1. 팬에 버터를 녹이고 밀가루를 넣은 다음 1~2분간 볶아 루를 만든다. 따뜻하게 데운 우유를 조금씩 넣고 풀어가며 끓인 다음 걸쭉해지면 디종머스터드, 소금, 후춧가루를 넣어 섞는다.
2. 식빵 한 장 위에 1의 베샤멜소스 2~3큰술을 바른다.
3. 햄과 슬라이스치즈를 올리고 다시 식빵 한 장을 올린 다음 베샤멜소스 2~3큰술을 바른다.
4. 그뤼에르치즈를 뿌리고 180도로 예열한 오븐에서 치즈가 노릇노릇해질 때까지 10분간 굽는다.
5. 달걀을 프라이한다.
6. 완성된 토스트에 파슬리가루를 뿌리고 달걀프라이를 올린다.

감자튀김을 곁들이면 좋아요.

타르틴은 다양한 토핑을 얹어 만드는 오픈샌드위치로 벨기에 음식 중 와플과 초콜릿 다음으로 유명해요. 다양한 재료를 얹으면 시각적, 미각적으로 만점인 벨기에식 샌드위치가 만들어져요.

벨기에식 오픈샌드위치

타르틴

Ingredient

[4개 분량] 사워도우 4장, 가지 1개, 방울토마토 4개, 생모차렐라치즈 1개, 올리브오일 2큰술, 바질페스토 조금, 소금 조금, 후춧가루 조금
[선택] 로즈메리 1줄기

Recipe

1. 가지를 8쪽으로 얇게 슬라이스하고 방울토마토를 가로로 3~4등분한다.
2. 모차렐라치즈를 얇게 슬라이스한다.
3. 중불로 달군 팬에 올리브오일을 두르고 가지를 올린 다음 소금을 살짝 뿌려 앞뒤로 노릇노릇하게 굽는다.
4. 사워도우를 살짝 토스트하고 구운 가지, 모차렐라치즈, 방울토마토를 올린다.
5. 소금과 후춧가루를 뿌리고 바질페스토를 사이사이에 뿌린다.
   로즈메리가 있으면 잎을 따서 나눠 올려요.
6. 200도로 예열한 오븐에서 5분간 굽는다.

에그타르트는 포르투갈 수도원에서 달걀흰자를 세탁용 풀로 쓰고 남은 노른자를 처리하기 위해 만들어졌다고 해요. 홍콩식 에그타르트와 달리 페이스트리 부분이 바삭바삭한 것이 특징이에요.

포르투갈식 에그타르트

파스텔드나타

Ingredient

8개 분량 냉동파이지(20×20cm) 2장, 달걀노른자 2개, 우유 3/4컵, 생크림 3/4컵, 설탕 3과1/2큰술, 녹말가루 1작은술, 바닐라익스트랙트 1/2작은술, 버터(또는 식용유) 조금

Recipe

1. 냄비에 달걀노른자, 우유, 생크림, 설탕, 녹말가루를 넣고 섞는다.
2. 중약불에 올려 살짝 걸쭉해지도록 저어가며 익힌다. 불에서 내려 바닐라익스트랙트를 넣어 섞고 살짝 식힌다.
3. 냉동파이지를 밀대로 살짝 밀어 4등분한다.
4. 머핀 팬에 녹인 버터를 바르고 3을 끼워 넣은 다음 포크로 바닥에 구멍을 낸다.
5. 4에 2를 부어 3/4 정도 채운다.
6. 180도로 예열한 오븐에서 30~35분간 굽고 식힘망에서 식힌다.

Italy
29

토마토와 빵을 넣어 만드는 투스칸식 샐러드인 판자넬라는 이탈리아의 대표적인 여름 샐러드예요. 채소와 드레싱의 수분 덕분에 굳은 빵이 말랑말랑해지므로 남은 빵 처리용으로도 좋아요.

굳은 빵도 살려내는 샐러드

판자넬라

Ingredient

(1~2인분) 치아바타(또는 다른 종류의 딱딱한 빵) 60g, 아보카도 1/2개, 방울토마토(여러 가지 색) 350g, 적양파 1/2개, 마늘 1/2쪽, 케이퍼 1/2큰술, 올리브오일 2큰술, 발사믹식초 2큰술, 바질잎 조금

Recipe

1. 적양파를 다진다. 아보카도의 껍질과 씨를 제거하고 굵게 다진다. 방울토마토를 반 가른다.
2. 빵을 먹기 좋은 크기로 자른다.
3. 마늘을 칼등으로 눌러 으깨고 볼에 담은 다음 올리브오일, 발사믹식초와 섞는다.
4. 큰 볼에 방울토마토, 양파, 아보카도, 빵, 케이퍼를 넣고 3의 소스를 부어 버무린다.
5. 바질잎을 뜯어 넣고 섞는다.

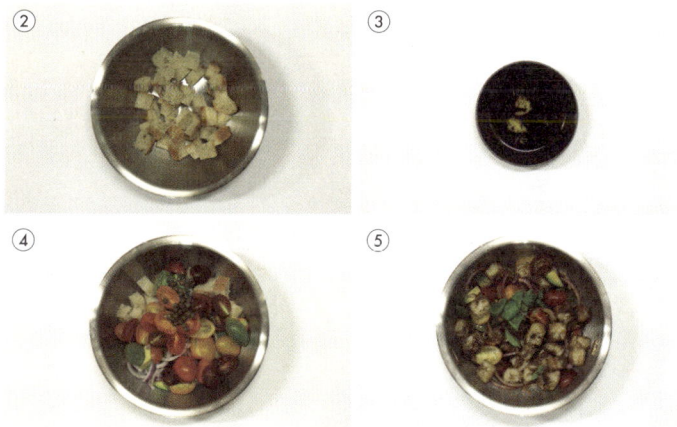

France

30

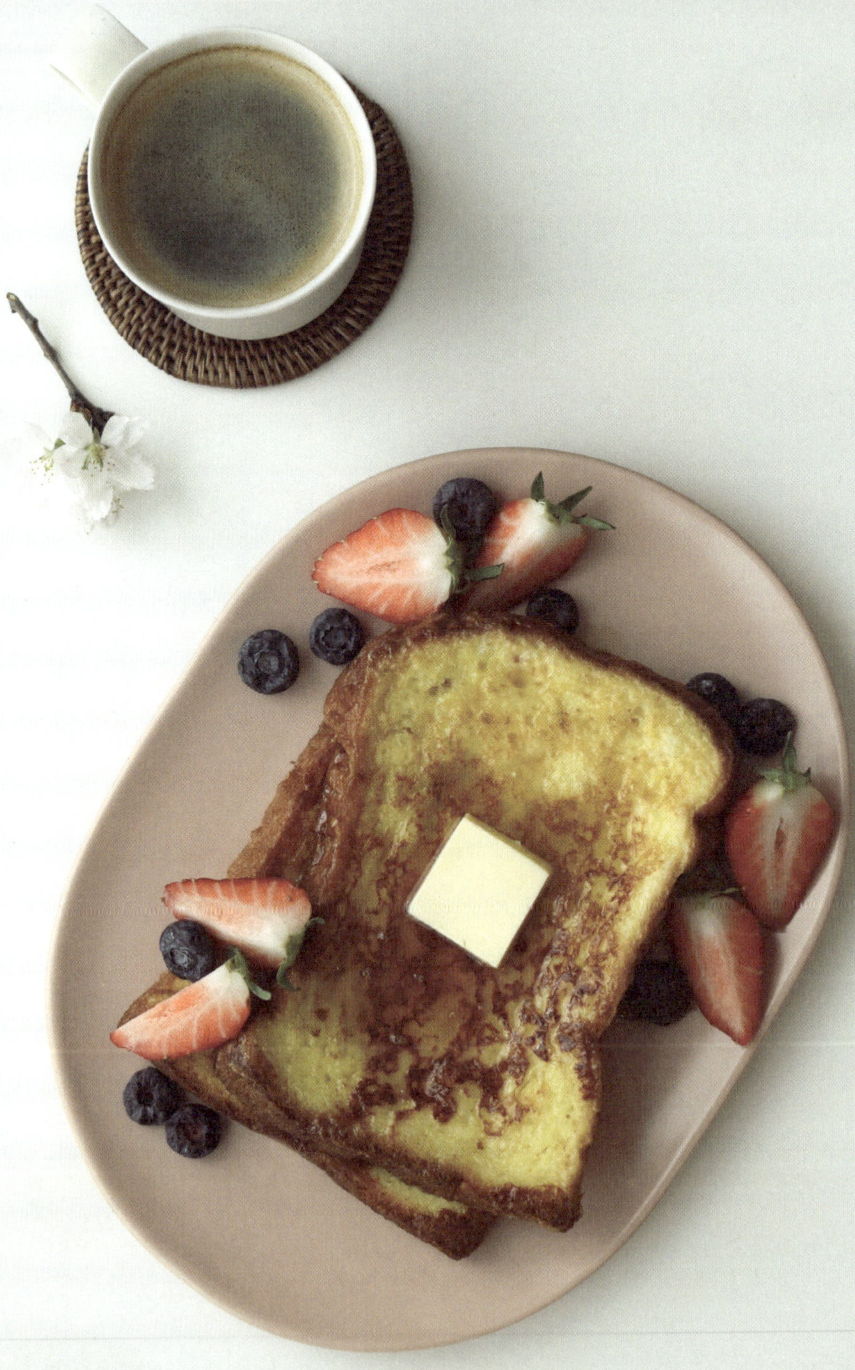

프랑스의 카페 메뉴에는 프렌치토스트가 없어요. 대신 팽(빵)페르뒤(버려진)가 있답니다. 굳은 빵을 달걀에 적시는 조리법이 아니었더라면 버려졌을 빵이라는 데서 이런 이름이 붙여졌어요.

오리지널 프렌치토스트

팽페르뒤

Ingredient

(1~2인분) 식빵 2장(또는 바게트슬라이스 4장), 달걀 2개, 우유 1/2컵, 설탕 1과1/2 큰술, 버터 적당량, 메이플시럽 적당량

[선택] 과일 적당량

Cooking Tip

빵을 달걀물에 적셔 바로 구워도 되지만 하룻밤 재워두면 빵 속이 푸딩처럼 부드러운 프렌치토스트를 만들 수 있어요.

Recipe

1. 볼에 달걀을 풀고 우유와 설탕을 넣어 섞는다.
2. 1에 식빵을 담가 앞뒤로 적시고 남은 달걀물과 함께 밀폐 용기에 넣어 냉장고에서 하룻밤 재운다.
3. 달군 팬에 버터를 넉넉히 녹이고 2의 식빵을 올려 앞뒤로 노릇노릇하게 굽는다.
4. 접시에 식빵을 담고 버터를 올린 다음 메이플시럽을 뿌린다.
   취향에 따라 과일 등의 토핑을 올려요.

②

③

④

이탈리아어로 '포모도로'는 토마토로 포모도로스파게티는 직역하면 토마토스파게티예요. 가장 기본적인 파스타로 여러 가지 다른 재료를 추가해도 좋아요.

토마토 하나로 뚝딱

포모도로 스파게티

Ingredient

(1인분) 스파게티면 80g, 토마토(크고 잘 익은 것) 1개, 마늘 1개, 양파 1/2개, 다진 바질 2큰술, 올리브오일 적당량, 소금 조금, 후춧가루 조금

Cooking Tip

바질가루를 사용했을 때와 생바질잎을 사용했을 때 풍미의 차이가 커요. 가급적 생바질잎 사용을 추천해요.

Recipe

1. 토마토를 굵게 썬다. 마늘과 양파를 다진다.
2. 달군 팬에 올리브오일을 두르고 양파와 마늘을 볶아 향을 낸다.
3. 토마토와 다진 바질 1큰술을 넣고 소금과 후춧가루로 간한 다음 뭉근하게 끓인다.
4. 끓는 물에 소금 1작은술을 넣고 스파게티면을 삶는다.
5. 3에 삶은 스파게티면과 남은 바질 1큰술을 넣고 버무린다.

France
32

프렌치어니언스프는 천천히 볶아 캐러멜라이즈한 양파에 육수를 부어 끓이는 달고 고소한 맛이 일품인 요리예요. 투자한 시간 대비 절대 후회하지 않는 맛을 보장한답니다.

프랑스인들의 소울 푸드

프렌치어니언스프

Ingredient

[2인분] 양파(중간 것) 3개, 비프스톡(또는 치킨스톡) 3과1/2컵, 버터 1과1/2큰술, 화이트와인(또는 물) 1/4컵, 타임가루 1/2작은술, 월계수잎 1장, 후춧가루 조금
[토핑] 바게트슬라이스 2장, 그뤼에르치즈(간 것) 적당량

Cooking Tip

그뤼에르치즈는 에멘탈치즈나 모차렐라치즈로 대체 가능해요.

Recipe

1. 양파를 채썬다.
2. 냄비를 달구고 버터를 녹인다.
3. 1의 양파를 넣어 중약불에서 갈색이 되도록 충분히 볶아 캐러멜화한다. 화이트와인을 부어 냄비 바닥에 눌어붙은 부분을 뗀다.
4. 비프스톡, 타임가루, 월계수잎, 후춧가루를 넣고 끓인다. 끓어오르면 뚜껑을 덮고 중약불에서 30분 정도 뭉근하게 끓인다.
5. 오븐 용기에 4의 스프를 담고 바게트를 올린 다음 치즈를 뿌린다.
6. 오븐에서 치즈가 녹을 정도로 살짝 굽는다.

Spain
33

프로슈토에멜로네는 스페인 전채 요리 또는 간단한 스낵을 통틀어 부르는 타파스 중 하나예요. 멜론에 짭조름한 햄이 둘러져 멜론의 달콤한 맛이 더욱 강조돼요.

와인과 함께 먹기 좋은

프로슈토에멜로네

Ingredient

[5~6개 분량] 프로슈토 5~6장, 멜론 1/2개, 통후추 조금, 파르메산치즈 조금, 올리브오일 조금

Recipe

1. 멜론을 반으로 갈라 씨를 파내고 5~6조각으로 길쭉하게 자른다.
2. 멜론의 껍질에서 과육을 잘라낸다.
3. 프로슈토를 길게 반 뜯어 멜론의 과육에 두른다.
4. 통후추와 파르메산치즈를 갈아 뿌리고 올리브오일을 뿌린다.

②

③

④

Food Trip

4.

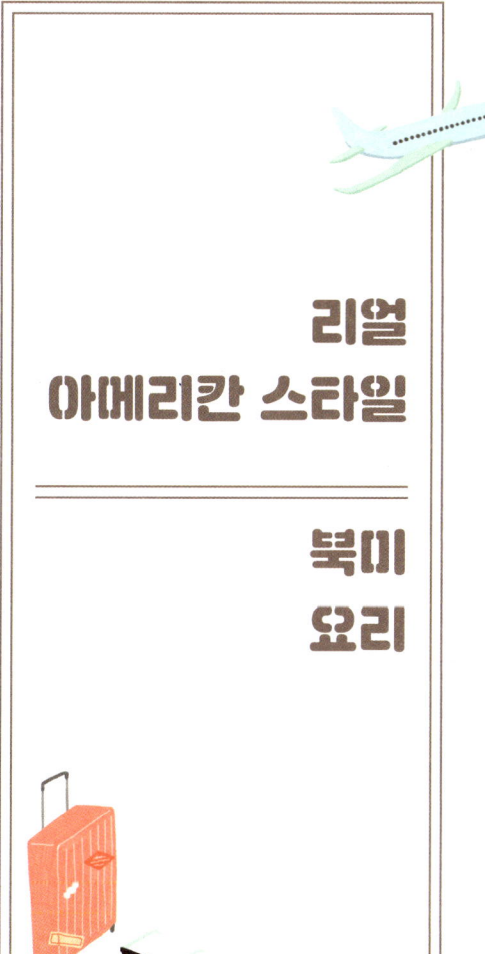

리얼
아메리칸 스타일

북미
요리

USA
01

BLT는 내용물인 베이컨, 레터스, 토마토의 머리글자를 딴 거예요. 재료는 간단하지만 절대 실패하지 않는 샌드위치죠. 달걀프라이를 더하면 영양가도 업그레이드된답니다.

기본기에 충실한

BLT샌드위치

Ingredient

[1인분] 식빵 2장, 베이컨 2줄, 달걀 1개, 토마토 1/2개, 로메인(또는 청상추) 1장, 마요네즈 1/2큰술

Recipe

1. 식빵을 토스트한다.
2. 베이컨을 노릇노릇하게 굽고 덜어둔다.
3. 2의 팬에 달걀을 프라이한다.
4. 토마토를 슬라이스한다.
5. 식빵 한 장의 한 면에 마요네즈를 바른다.
6. 로메인-베이컨-토마토-달걀프라이 순으로 올리고 남은 식빵 한 장을 덮는다.

USA 02

하와이의 노스쇼어는 새우 요리를 파는 푸드 트럭들로 유명해요. 그중 가장 유명세를 떨치고 있는 게 바로 갈릭버터슈림프예요. 조리법이 간단하고 맛있어서 요리 솜씨를 뽐내기 좋답니다.

푸드 트럭 음식의 대표 주자

갈릭버터슈림프

Ingredient

[2인분] 밥 2공기, 새우 300g, 마늘 10쪽, 밀가루 1/2큰술, 버터 2큰술, 레몬 1/2개, 화이트와인(또는 청주) 2큰술, 올리브오일 1큰술, 레몬즙 1/2큰술, 파프리카가루 1/4작은술, 다진 파슬리 조금, 소금 조금, 후춧가루 조금

Recipe

1. 마늘을 굵게 다진다.
2. 새우의 머리, 내장, 껍질을 제거하고 소금, 후춧가루, 파프리카가루로 간한다. 새우를 조리하기 전 봉지에 새우와 밀가루를 넣고 흔들어 새우에 얇은 밀가루옷을 입힌다.
3. 달군 팬에 버터 1큰술과 올리브오일을 넣어 녹이고 마늘을 넣은 다음 갈색이 돌 때까지 볶는다. 화이트와인을 넣어 1분간 끓이고 잠시 덜어둔다.
4. 3의 팬에 남은 버터와 2의 새우를 넣고 볶는다. 새우가 거의 다 익으면 덜어뒀던 소스와 레몬즙을 넣어 섞는다.
5. 레몬을 웨지썰기한다.
6. 접시에 밥, 새우, 소스를 담는다. 다진 파슬리를 뿌리고 레몬웨지를 곁들인다.

②

③

④

⑥

USA
03

로코모코의 요리명은 처음 요리를 주문했던 '오키모토'라는 아이의 이름에서 비롯됐다고 해요. 하와이, 괌, 사이판 등 태평양 부근 섬나라에서 두루 인기 있는 요리예요.

하와이식 햄버그스테이크덮밥

로코모코

Ingredient

[2인분] 밥 2공기, 달걀 2개, 쪽파 1대, 식용유 조금
[패티] 소고기(다짐육) 200g, 돼지고기(다짐육) 100g, 달걀 1개, 빵가루 1큰술, 우유 1큰술, 양파 1/2개, 소금 조금, 후춧가루 조금
[소스] 양송이버섯 3개, 양파 1/4개, 버터 1큰술, 치킨스톡(또는 비프스톡) 1과1/4컵, 우스터소스 1작은술, 녹말물(물 1큰술, 녹말가루 1작은술), 소금 조금, 후춧가루 조금

Recipe

1. 패티와 소스 재료의 양파를 다진다. 소스 재료의 양송이버섯을 채썬다. 쪽파를 송송 썬다.
2. 볼에 패티 재료를 넣고 찰기가 생기도록 치댄 다음 2개로 나눠 둥글넓적하게 빚는다.
3. 냄비에 버터를 녹이고 양송이버섯과 소스 재료의 양파를 볶는다.
4. 치킨스톡과 우스터소스를 넣어 2~3분간 끓인다. 녹말물을 넣어가며 걸쭉해지도록 섞고 소금과 후춧가루로 간한다.
5. 달군 팬에 식용유를 살짝 두르고 2의 패티를 앞뒤로 노릇노릇하게 굽는다.
6. 달걀을 프라이한다. 접시에 밥을 담고 패티-소스-달걀프라이 순으로 올린 다음 쪽파를 뿌린다.

USA
04

치즈, 버터, 마카로니로 만드는 맥앤치즈는 다양한 요리에 곁들여지며, 고소하고 부드러운 맛에 미국 아이들의 1등 간식이기도 해요. 빵가루를 뿌려 구우면 색다른 느낌으로 즐길 수 있어요.

미국식 치즈파스타

맥앤치즈

Ingredient

(1~2인분) 마카로니 120g, 체더치즈(간 것) 1컵, 우유 3/4컵, 버터 1큰술, 소금 조금, 후춧가루 조금
[선택] 파프리카가루 조금

Recipe

1. 냄비에 마카로니를 삶고 체에 밭쳐 물기를 뺀다.
2. 팬에 우유, 버터, 소금, 후춧가루를 넣어 끓인다.
3. 2가 끓어오르면 불을 줄이고 마카로니를 섞는다.
4. 체더치즈를 넣고 녹을 때까지 잠시 둔 다음 섞는다.
   간이 부족하면 소금을 더 넣어요.
5. 접시에 4를 담고 취향에 따라 파프리카가루를 뿌린다.

USA
05

최근 샌프란시스코에서 스타벅스 1호점보다 더 유명해진 게 있는데 바로 모히토커피예요. 민트잎을 우린 커피에 얼음을 띄우면 상쾌한 맛이 가득한 커피를 즐길 수 있어요.

커피와 모히토의 만남

모히토커피

Ingredient

[2잔 분량] 커피(뜨거운 것) 2와1/2컵, 민트잎 20~30장, 설탕 2~3큰술, 얼음 적당량
[선택] 우유 적당량

Cooking Tip

머들러가 없으면 숟가락이나 절굿공이 등을 사용해도 좋아요.

Recipe

1. 저그에 민트잎과 설탕을 넣고 머들러로 향기가 나도록 으깬다.
2. 커피를 붓고 설탕이 녹도록 섞은 다음 잠시 우린다.
3. 잔에 얼음을 채우고 커피를 붓는다. 취향에 따라 우유를 섞는다.

USA
06

몬테크리스토샌드위치는 프랑스의 샌드위치인 크로크무슈에서 유래했어요.
빵 사이에 햄과 치즈를 넣고 달걀물을 입혀 기름에 튀기듯 구운 프렌치토스트
와 크로크무슈가 결합된 요리예요.

미국식으로 재해석된 크로크무슈

몬테크리스토샌드위치

Ingredient

[2인분] 식빵 3장, 슬라이스햄 2장, 슬라이스치즈 2장, 딸기잼 1큰술, 옐로머스터드 1큰술, 버터 적당량, 슈거파우더 적당량

[달걀물] 달걀 2개, 우유 1/4컵

Cooking Tip

링곤베리잼, 크랜베리잼 등 취향에 맞는 잼을 함께 곁들여요.

Recipe

1. 식빵의 한 면에 딸기잼 1/2큰술을 바르고 햄과 치즈를 올린다.
2. 다른 식빵의 한 면에 옐로머스터드 1/2큰술을 바르고 옐로머스터드가 발린 면이 아래로 가게 해서 1에 올린다.
3. 2의 식빵에 딸기잼 1/2큰술을 바르고 햄과 치즈를 올린다.
4. 남은 식빵의 한 면에 옐로머스터드 1/2큰술을 바르고 옐로머스터드가 발린 면이 아래로 가게 해서 3에 올린다.
5. 볼에 달걀물 재료를 풀고 4를 달걀물에 담가 적신다.
6. 팬을 달궈 버터를 넉넉하게 녹이고 5를 앞뒤로 노릇노릇하게 굽는다.
7. 완성된 샌드위치를 살짝 식히고 먹기 좋은 크기로 자른 다음 슈거파우더를 뿌린다.

USA
07

바나나스플릿은 바나나를 반으로 갈라 아이스크림과 휘핑크림을 올려 내는 것인데요. 칼로리를 낮추고 바쁜 아침에 간편하게 식사 대용으로 먹을 수 있도록 바꿔봤어요.

바나나 안에 끼운 과일

바나나스플릿

Ingredient

(1인분) 바나나 1개, 딸기 2개, 블루베리 10알, 그래놀라 2큰술, 그릭요거트 1/4컵, 꿀 1/2큰술

Cooking Tip

디저트로 즐기고 싶다면 그릭요거트 대신 아이스크림을 넣어요.

Recipe

1. 바나나의 껍질을 벗겨 길게 반 가른다.
2. 딸기의 꼭지를 떼고 작게 자른다.
3. 접시에 1의 바나나를 담고 바나나 두 쪽 사이에 그릭요거트를 뿌린다.
4. 딸기, 블루베리, 그래놀라, 꿀을 뿌린다.

USA
08

미국식 치맥에서 치킨 역할을 담당하는 게 바로 버펄로윙이에요. 버펄로 지역에서 만들어진 버펄로윙은 미국의 최고 인기 스포츠인 미식축구 슈퍼볼 시즌에 빠지지 않는답니다.

손가락에 묻은 양념까지 쪽쪽

버펄로윙

Ingredient

(2~3인분) 닭날개(또는 닭봉) 400g, 밀가루 5큰술, 당근 적당량, 셀러리스틱 적당량, 랜치소스 적당량, 파프리카가루 1작은술, 소금 조금, 후춧가루 조금
[소스] 꿀 1/2큰술, 버터 2큰술, 핫소스 4큰술

Recipe

1. 닭고기를 소금과 후춧가루로 간하고 밀가루와 파프리카가루를 섞은 볼에 넣은 다음 흔들어 밀가루를 골고루 입힌다.
2. 식용유를 넉넉히 부어 달군 팬에 1의 닭고기를 노릇노릇하게 튀긴다.
3. 팬에 핫소스와 꿀을 넣어 섞다가 약불에서 버터를 넣어 녹이고 섞는다.
4. 볼에 튀긴 닭고기와 3의 소스를 넣고 버무린다.
5. 당근을 셀러리스틱 길이에 맞춰 썬다.
6. 닭고기를 당근, 셀러리스틱, 랜치소스와 함께 낸다.

USA
09

베이글샌드위치는 뉴욕 배경의 영화에서 자주 보이는 뉴요커의 아침 메뉴예요. 베이글샌드위치 중 연어를 올린 것을 베이글락스라고 하는데 미국 동부의 이주 유대인들에 의해 전파됐다고 해요.

뉴욕의 아침을 깨우는

베이글락스

Ingredient

[1개 분량] 베이글 1개, 훈제연어 3장, 토마토 1/2개, 양파 1/4개, 크림치즈 2~3큰술, 케이퍼 1/2작은술

Recipe

1. 토마토와 양파를 얇게 슬라이스한다.
2. 베이글을 반으로 가르고 토스트한다.
3. 자른 베이글의 각 단면에 크림치즈를 골고루 바른다.
4. 베이글 한 쪽의 크림치즈를 바른 면 위에 훈제연어를 올리고 케이퍼를 뿌린다.
5. 토마토슬라이스 3장과 양파슬라이스 3장을 올린다.
6. 남은 베이글 한 쪽으로 5를 덮는다.

USA
10

주물 팬에 조리해 그대로 담아내는 요리를 스킬렛 요리라고 해요. 따뜻하게 익힌 채소와 치즈는 든든한 하루를 시작할 수 있게 도와주는 건강한 아침 식사가 될 거예요.

주물 팬 하나로 끝내는

브렉퍼스트 스킬렛

Ingredient

[2인분] 감자 2개, 베이컨(두툼한 것) 1장, 달걀 2개, 쪽파 1대, 모차렐라치즈(간 것) 2큰술, 식용유 조금, 후춧가루 조금

Recipe

1. 감자를 사방 1cm 크기로 썬다. 베이컨을 굵게 썬다. 쪽파를 송송 썬다.
2. 달군 팬에 식용유를 두르고 감자를 노릇노릇해질 때까지 섞어가며 볶는다.
3. 베이컨을 넣어 볶는다.
4. 쪽파를 섞고 후춧가루로 간한다.
5. 가운데에 홈을 파서 달걀을 깨 넣고 모차렐라치즈를 뿌린 다음 달걀을 익힌다.

   취향에 따라 달걀의 익힘 정도를 달리해요.

USA
11

셰이크*은 길거리의 핫도그 카트에서 시작해서 세계적인 버거 체인점으로 성장했어요. 특제 소스 하나만 있으면 이곳 특유의 맛을 내는 버거를 집에서도 만들 수 있어요.

줄 서서 먹는 햄버거

셰이크버거

Ingredient

[4개 분량] 모닝롤 4개, 슬라이스치즈 4장, 로메인(또는 청상추) 4장, 토마토 1개, 버터 조금

[패티] 소고기(다짐육) 250g, 소금 조금, 후춧가루 조금

[소스] 마요네즈 4큰술, 케첩 1큰술, 옐로머스터드 1/2큰술, 다진 피클 1과1/2큰술, 파프리카가루 1/8작은술, 갈릭파우더 1/8작은술

Cooking Tip

파프리카가루와 갈릭파우더는 생략해도 괜찮아요.

Recipe

1. 볼에 소스 재료를 넣고 섞는다.
2. 토마토를 슬라이스한다.
3. 소고기를 소금과 후춧가루로 간하고 치댄 다음 4개로 나눠 둥글넓적하게 빚는다.
4. 달군 팬에 3의 패티를 올리고 앞뒤로 노릇노릇하게 굽는다.
5. 모닝롤을 반으로 가르고 안쪽 면에 버터를 살짝 바른 다음 팬에 굽는다.
6. 빵 한 쪽에 패티-치즈-토마토슬라이스-상추-소스 순으로 올리고 나머지 빵 한 쪽으로 덮는다.

USA
12

랍스터롤은 손질이 힘들고 가격도 비싸서 집에서 해 먹기 어렵죠. 랍스터 대신 새우를 이용해봐요. 빵은 살짝 구워서, 속재료는 차갑게 식혀서 만드는 게 포인트랍니다.

가격을 확 낮춘 랍스터롤

슈림프롤

Ingredient

(2개 분량) 핫도그번 2개, 새우 250g, 레몬 1/2개, 다진 셀러리 2큰술, 다진 양파 2큰술, 쪽파 1대, 마요네즈 4큰술, 레몬즙 1/2큰술, 버터 조금, 소금 조금, 후춧가루 조금
[선택] 파프리카가루 적당량

Cooking Tip

빵을 굽는 사이에 만들어둔 새우 샐러드를 냉장 보관해요.

Recipe

1. 새우의 머리, 꼬리, 내장, 껍질을 제거해 끓는 물에 살짝 데치고 식힌 다음 큼직하게 자른다.
2. 쪽파를 송송 썬다.
3. 볼에 새우, 마요네즈, 셀러리, 양파, 레몬즙을 넣어 섞고 소금과 후춧가루로 간한다.
4. 핫도그번을 반으로 갈라 안쪽 면에 버터를 바르고 팬에 살짝 굽는다.
5. 레몬을 웨지썰기한다.
6. 빵 사이에 3을 넣고 쪽파를 뿌린 다음 레몬웨지를 곁들여 낸다. 취향에 따라 파프리카가루를 뿌린다.

USA
13

이탈리아계 미국인 셰프인 시저 카디니에 의해 만들어져 시저샐러드라는 이름이 붙었어요. 구운 닭가슴살을 더하면 한 끼 식사로 거뜬하며 다른 요리와도 잘 어울려요.

이탈리아 감성의 미국식 샐러드

시저샐러드

Ingredient

[2인분] 닭가슴살 125g, 로메인헤드 2개, 로즈메리잎 1줄기, 파르메산치즈(간 것) 적당량, 소금 조금, 후춧가루 조금, 올리브오일 조금
[크루통] 식빵 1장(또는 사워도우 2장), 올리브오일 2큰술
[드레싱] 달걀노른자 1개, 엔초비필레 2개, 마늘 1쪽, 레몬즙 1작은술, 우스터소스 1/2 작은술, 올리브오일 4큰술, 마요네즈 2큰술, 파르메산치즈(간 것) 4큰술, 소금 조금

Recipe

1. 식빵을 깍둑썰고 올리브오일 2큰술에 버무린 다음 중약불로 달군 팬에 겉면이 노릇노릇해질 때까지 볶는다.
2. 닭고기를 소금, 후춧가루, 올리브오일로 간하고 로즈메리잎을 올려둔다.
3. 중불로 달군 팬에 2의 닭고기를 넣고 앞뒤로 노릇노릇하게 구운 다음 길게 썬다.
4. 블렌더에 드레싱 재료를 넣고 간다.
5. 로메인을 먹기 좋은 크기로 자르고 1의 크루통과 함께 큰 볼에 담는다. 4의 드레싱을 부어 버무리고 접시에 담는다.
6. 닭고기를 올리고 파르메산치즈를 뿌린다.

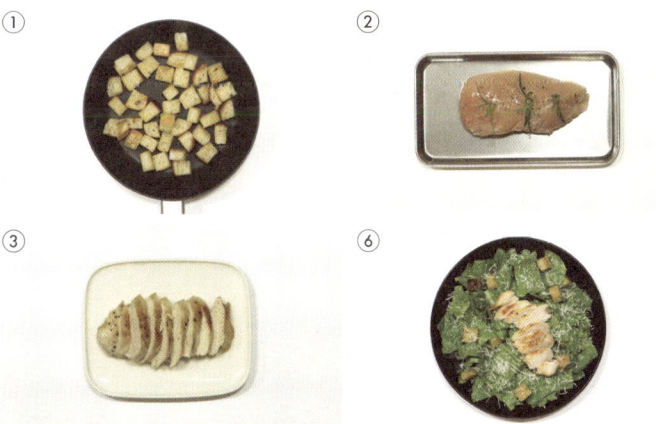

USA
14

비프소시지, 파피시드번, 옐로머스터드, 렐리시, 양파, 토마토로 대표되는 시카고핫도그! 전통적인 방식의 시카고핫도그에는 케첩이 들어가지 않는다고 해요.

저렴한 길거리 음식에서 시작된

시카고핫도그

Ingredient

(1개 분량) 핫도그번 1개, 소시지 1개, 토마토슬라이스 1장, 할라피뇨슬라이스 3개, 딜피클 1개, 다진 양파 1큰술, 스위트피클렐리시 1큰술, 옐로머스터드 적당량

Cooking Tip

감자튀김을 함께 내도 좋아요.

Recipe

1. 토마토슬라이스를 2등분한다.
2. 소시지를 노릇노릇하게 굽는다.
3. 핫도그번을 반 갈라 마른 팬에 살짝 굽는다.
4. 빵 안에 스위트피클렐리시를 바르고 토마토슬라이스와 소시지를 넣은 다음 옐로머스터드를 뿌린다.
5. 다진 양파, 길게 반 가른 딜피클, 할라피뇨슬라이스를 올린다.

①

④

⑤

USA
(15)

잉글리시머핀에 햄, 달걀, 홀랜다이즈소스를 올린 에그베네딕트는 월스트리트의 브로커가 뉴욕의 한 호텔에서 주문한 데서 유래했어요. 햄 대신 연어를 넣어 색다른 맛으로 즐길 수도 있답니다.

뉴요커처럼 즐기는 브런치

에그베네딕트

Ingredient

(1인분) 잉글리시머핀 1개, 베이컨 4줄, 수란 2개

[홀랜다이즈소스] 달걀노른자 2개, 버터 100g, 레몬즙 1작은술, 소금 조금, 후춧가루 조금

Cooking Tip

홀랜다이즈소스를 만들 때 온도가 높으면 버터가 분리될 수 있으니 너무 뜨겁다 싶으면 냄비 위에 올린 볼을 잠시 내려놔요.

Recipe

1. 버터를 전자레인지에 끊어가며 돌리거나 중탕해 녹인다.
2. 작은 냄비에 물을 조금 붓고 끓인다.
3. 냄비보다 큰 볼에 달걀노른자와 레몬즙을 넣고 2의 냄비에 올린 다음 거품기로 섞는다. 버터를 조금씩 넣어가며 거품기로 계속 젓다가 소금과 후춧가루로 간해 소스를 만든다.
4. 베이컨을 굽는다.
5. 빵을 반으로 가르고 살짝 토스트한다.
6. 다른 냄비에 물을 부어 살짝 끓인 다음 달걀을 넣고 익혀 수란을 만든다.
   수란 만드는 방법은 P.28의 '수란 만들기'를 참고해요.
7. 빵에 베이컨과 수란을 올리고 홀랜다이즈소스를 듬뿍 뿌린다.

USA 16

에그슬럿은 LA의 유명 맛집에서 찾아볼 수 있어요. 으깬 감자에 달걀을 올려 익혀 먹는 이 요리는 감자와 달걀을 섞어 그냥 먹어도 좋고 빵에 스프레드처럼 발라 먹어도 아주 맛있어요.

감자와 달걀의 환상적인 만남

에그슬럿

Ingredient

(2개 분량) 달걀 2개, 감자 1개, 우유 1큰술, 버터 1/2큰술, 모차렐라치즈(간 것) 2큰술, 파슬리가루(또는 다진 생파슬리) 조금, 소금 조금, 후춧가루 조금

Recipe

1. 감자의 껍질을 벗겨 큼직하게 썬다. 냄비에 물을 부어 끓이고 감자를 넣어 익힌다.
2. 익힌 감자의 온기가 남아 있을 때 볼에 넣고 매셔나 포크로 으깬다.
3. 우유, 버터, 소금, 후춧가루를 넣어 섞는다.
4. 내열 용기에 감자를 나눠 채우고 각각 치즈-달걀 순으로 올린다.
5. 냄비에 용기의 3/4 정도가 차도록 물을 부어 끓이고 불을 약하게 낮춘다. 4를 넣고, 내열 용기의 뚜껑을 살짝 덮은 다음 15 - 20분간 달걀이 익도록 끓인다.
6. 뚜껑을 열어 파슬리가루를 뿌린다.

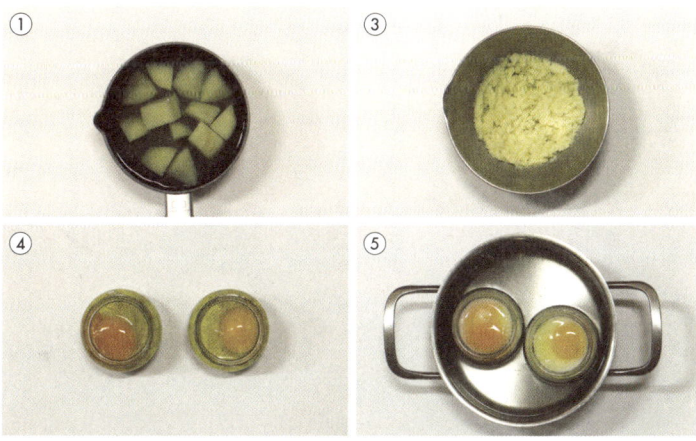

로큰롤의 황제 엘비스 프레슬리가 즐겨 먹어서 엘비스샌드위치라는 이름이 붙은 요리예요. 빵 사이에 들어간 바나나, 땅콩버터, 베이컨의 단맛과 짠맛이 최상의 조화를 만들어내요.

미국 유명 가수의 이름을 딴

엘비스샌드위치

Ingredient

1인분 식빵 2장, 베이컨 2줄, 바나나 1/2개, 땅콩버터 2큰술

Recipe

1. 바나나의 껍질을 벗기고 슬라이스한다.
2. 베이컨을 바삭바삭하게 굽는다. 식빵을 토스트한다.
3. 각 식빵의 한 면에 땅콩버터를 바르고 땅콩버터가 발린 면에 바나나를 올린다.
4. 바나나 위에 베이컨을 올린다.
5. 나머지 식빵의 땅콩버터가 발린 면이 아래로 가게 해서 4를 덮고 먹기 좋은 크기로 썬다.

③    ④    ⑤

USA
18

'아메리칸 차이니즈'는 중국 이민자들에 의해 전파된 중식이 미국인들의 입맛에 맞게 변형된 걸 말해요. 차우멘은 미국인들이 간단히 한 끼를 해결하기 위해 포장 음식으로 찾곤 한답니다.

미국식으로 재해석된 중식

차우멘

Ingredient

[1인분] 에그누들(또는 라면사리) 1봉지, 양배추 2장, 양파 1/6개, 셀러리 1/3대, 굴소스 1/2큰술, 간장 3/4큰술, 식용유 적당량

Cooking Tip

취향에 따라 닭고기, 소고기 또는 새우를 추가해요.

Recipe

1. 양배추와 양파를 굵게 채썬다. 셀러리를 슬라이스한다.
2. 끓는 물에 에그누들을 넣고 봉지에 적힌 시간대로 삶은 다음 체에 밭쳐 물기를 뺀다.
3. 달군 팬에 식용유를 두르고 양배추, 양파, 셀러리의 겉면이 살짝 노릇노릇해질 때까지 볶는다.
4. 식용유를 조금 더 넣고 에그누들, 굴소스, 간장을 넣어 볶는다.

USA
19

초콜릿브라우니는 퍼지와 케이크를 섞은 듯한 촉촉한 식감이 아주 좋아요. 시판되는 브라우니믹스가 있지만 간단한 재료 몇 가지만 더하면 더욱 진한 맛의 브라우니를 만들 수 있어요.

미국인들에게 향수를 불러일으키는 달콤한 디저트

초콜릿브라우니

Ingredient

(1개(18×18cm 틀) 분량) 달걀 2개, 밀가루 65g, 코코아파우더 40g, 초코칩 4큰술, 버터 110g, 설탕 200g, 바닐라익스트랙트 1/2작은술, 소금 1/4작은술

Cooking Tip

브라우니가 다 익지 않은 것처럼 보여도 식으면서 굳기 때문에 너무 많이 굽지 않아요.

갓 구운 브라우니를 바로 자르면 으스러지니 30분 정도 휴지 시간을 준 다음 잘라요.

Recipe

1. 버터를 중탕하거나 전자레인지를 사용해 녹이고 설탕을 넣어 섞는다.
2. 설탕이 섞이면 달걀과 바닐라익스트랙트를 넣어 섞는다.
3. 코코아파우더, 밀가루, 소금을 체에 쳐서 넣는다.
4. 반죽을 접듯이 살살 섞고 초코칩을 넣어 날가루가 없어질 정도로만 섞는다.
5. 팬에 기름칠을 하거나 유산지를 깔고 반죽을 담은 다음 175도로 예열한 오븐에서 25분간 굽는다.
6. 오븐에서 5를 꺼내고 30분간 식힌 다음 정사각형으로 자른다.

USA
20

캘리포니아롤은 김과 날생선 먹기를 꺼리는 서양인들의 입맛을 잡기 위해 김을 밥 안으로 숨기고 날생선을 조리된 게살로 바꿔 만든 것에서 시작됐답니다.

김 밖으로 밥이 나온

캘리포니아롤

Ingredient

(4줄 분량) 김(김밥용) 2장, 밥 2공기, 크래미 100g, 훈제연어슬라이스 8장, 오이 1/4개, 아보카도 1/2개, 마요네즈 1큰술

[단촛물] 설탕 1큰술, 식초 2큰술, 소금 1/2작은술

Recipe

1. 볼에 단촛물 재료를 섞어 녹이고 한 김 식힌 밥에 넣어 섞는다.
2. 오이를 채썬다. 아보카도의 씨와 껍질을 제거하고 슬라이스한다.
3. 볼에 크래미를 먹기 좋게 뜯어 넣고 마요네즈와 버무린다.
4. 바닥에 랩을 깔고 훈제연어슬라이스 2장을 길게 올린다. 김을 세로로 반 잘라 한 면에 밥을 꼼꼼히 펼쳐 올리고 밥이 깔린 면이 연어와 맞닿도록 올린다. 김에 크래미, 오이, 아보카도를 올린다.
5. 끝에서부터 돌돌 말아 랩으로 고정하고 먹기 좋은 크기로 썬 다음 랩을 벗긴다.

USA
(21)

팬케이크는 일본의 핫케이크와 달리 많이 달지 않아 메이플시럽을 곁들여 먹는 게 특징이에요. 과일과 함께 아침 식사로 또는 아이스크림과 함께 디저트로 즐겨봐요.

미국식 아침 식사의 대명사

팬케이크

Ingredient

10~12장 분량 버터 적당량, 메이플시럽 적당량

[반죽] 달걀 1개, 중력분 1과1/2컵, 베이킹파우더 1작은술, 베이킹소다 1작은술, 버터 2큰술, 설탕 4큰술, 소금 조금

[버터밀크] 우유(실온) 1과1/2컵, 레몬즙 1큰술

Cooking Tip

버터밀크는 버터를 만드는 과정에서 부산물로 남겨지는 것으로 폭신한 식감을 살리는 역할을 해요. 실온의 우유에 레몬즙을 섞는 것만으로도 집에서 손쉽게 버터밀크를 만들 수 있어요.

Recipe

1. 버터밀크 재료를 섞고 15분간 둔다.
2. 버터를 녹인다.
3. 볼에 달걀과 1의 버터밀크를 섞는다.
4. 중력분, 베이킹파우더, 베이킹소다, 녹인 버터, 설탕, 소금을 넣고 섞는다.
5. 팬에 버터를 녹이고 반죽을 동그랗게 떠 올려 앞뒤로 노릇노릇하게 굽는다.
6. 팬케이크를 겹겹이 쌓고 버터와 메이플시럽을 곁들여 낸다.

퍼넬케이크는 미국 축제나 페어에서 즐겨 먹는 음식 중 하나예요. '퍼넬'은 깔때기를 뜻하는데, 묽은 반죽을 깔때기에 통과시킨 다음 기름에 흘려 튀기는 조리 방식에서 이름이 유래했어요.

축제의 디저트

퍼넬케이크

Ingredient

(2개 분량) 달걀 1개, 밀가루 100g, 베이킹파우더 1작은술, 우유 180ml, 설탕 1과1/2 큰술, 슈거파우더 적당량, 소금 조금
[선택] 과일(토핑용) 적당량

Recipe

1. 볼에 우유와 달걀을 넣고 섞는다.
2. 다른 볼에 밀가루, 설탕, 베이킹파우더, 소금을 넣고 섞는다.
3. 1에 2를 넣고 섞어 반죽을 만든다.
4. 반죽을 짤주머니에 넣는다.
5. 식용유를 넉넉히 부어 달군 팬에 동그라미를 그리며 반죽을 짠다. 한쪽이 익으면 뒤집어 반대쪽을 노릇노릇하게 익힌다.
6. 그릇에 5를 담고 슈거파우더를 넉넉히 뿌린다. 취향에 따라 과일을 올린다.

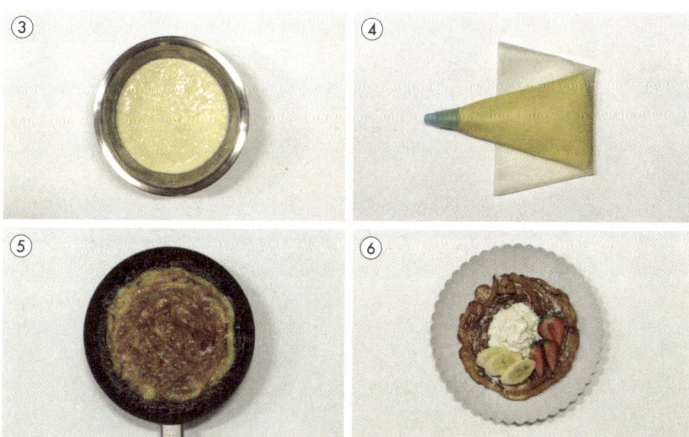

USA 23

하와이는 일본 이주민들이 많아 그 영향을 받은 음식 또한 많아요. 포키볼도 그 중 하나로 동서양을 막론하고 인기 만점인 하와이식 회덮밥이에요.

하와이식 회덮밥

포키볼

Ingredient

[2인분] 밥 2공기, 연어(횟감용) 250g, 아보카도 1/2개, 쪽파 1대, 양파 1/8개, 통깨 조금, 검은깨 조금
[양념] 간장 1큰술, 참기름 1/2큰술, 다진 마늘 1/2작은술, 고춧가루 1/2작은술
[선택] 무순 적당량

Cooking Tip

연어 대신 참치회를 사용해도 좋아요.

회무침을 양념에 버무려 잠시 숙성시키면 양념이 생선살에 배어들어 맛이 더욱 좋아요

Recipe

1. 연어를 깍둑썬다.
2. 아보카도의 씨와 껍질을 제거하고 연어와 비슷한 크기로 썬다.
3. 쪽파를 송송 썰고 양파를 다진다.
4. 볼에 연어, 쪽파, 양파, 양념 재료를 넣어 버무린다.
5. 밥에 4와 아보카도를 조화롭게 올리고 통깨와 검은깨를 뿌린다. 취향에 따라 무순을 뿌린다.

캐나다 퀘벡 지역에서 유래된 푸틴은 캐나다를 대표하는 음식으로 꼽힐 정도로 널리 알려진 요리예요. 튀긴 감자에 고기육수로 만든 그레이비소스를 뿌려 구수한 맛이 일품이랍니다.

캐나다를 대표하는 감자 요리

푸틴

Ingredient

(2인분) 시판 냉동감자튀김 200g, 생모차렐라치즈 1/2개, 밀가루 1과1/2큰술, 다진 양파 2큰술, 다진 마늘 1작은술, 비프스톡(또는 치킨스톡) 1컵, 우스터소스 1/2작은술, 버터 1과1/2큰술, 소금 조금, 후춧가루 조금

Cooking Tip

전통적으로는 치즈커드를 사용하지만 생모렐라치즈를 잘라 써도 비슷한 맛을 낼 수 있어요.

Recipe

1. 팬에 버터를 녹이고 밀가루를 볶아 루를 만든다.
2. 다진 양파와 다진 마늘을 넣어 볶는다.
3. 양파가 익으면 비프스톡을 넣어 끓이다 우스터소스를 섞는다. 소금과 후춧가루로 간하고 걸쭉하게 끓인다.
4. 식용유를 넉넉히 부어 달군 팬에 감자튀김을 바삭바삭하게 튀긴다.
5. 그릇에 감자튀김을 올리고 생모차렐라치즈를 큼직하게 잘라 올린다.
6. 3의 소스를 뿌린다.

USA 25

하와이에는 캔에 든 스*햄으로 만든 다양한 요리들이 있어요. 하와이언무스비는 사각형으로 만든 주먹밥에 김 띠를 둘러주는 게 특징이에요.

하와이식 주먹밥

하와이언무스비

Ingredient

(2개 분량) 김(김밥용) 1/2장, 밥 1공기, 캔햄슬라이스 2장
[햄양념] 간장 1/2큰술, 맛술 1/2큰술, 올리고당 1작은술
[달걀지단] 달걀 1개, 맛술 1작은술, 소금 조금
[밥양념] 참기름 조금, 소금 조금, 통깨 조금

Recipe

1. 달군 팬에 캔햄슬라이스를 앞뒤로 노릇노릇하게 굽고 햄양념 재료를 넣어 졸인다.
2. 볼에 달걀을 풀고 맛술과 소금으로 간한 다음 지단을 부친다. 달걀지단을 한 김 식히고 햄과 같은 크기로 자른다.
3. 따뜻한 밥에 밥양념 재료를 넣고 섞는다.
4. 무스비 틀에(또는 캔 안에 랩을 깔고) 밥-달걀지단-햄 순으로 올린다.
5. 김을 띠처럼 길게 자른다.
6. 4를 틀에서 꺼내고 김을 두른다.

Food Trip

5.

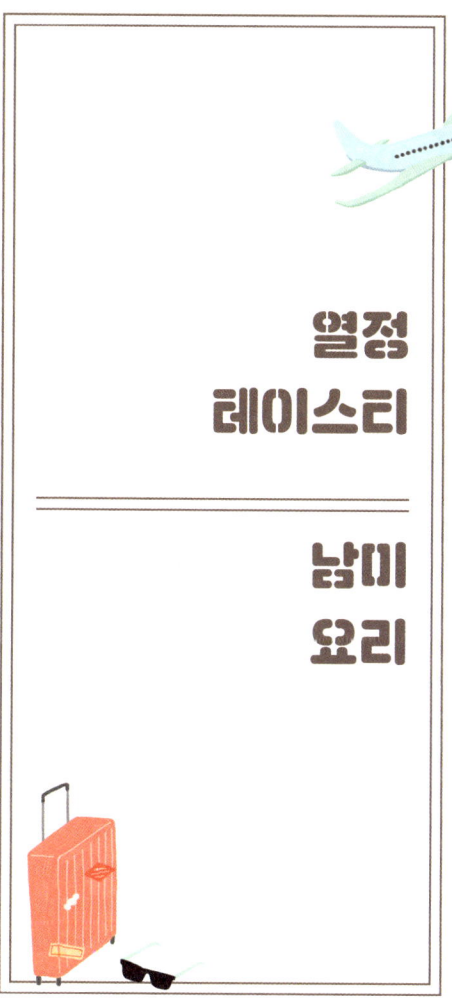

열정
테이스티

낯미
요리

Mexico 01

우리나라의 김치가 밑반찬에서 빠지지 않듯이 멕시코에서는 대부분의 요리에 과카몰리가 곁들여져 나와요. 잘 익은 아보카도만 있으면 즉석에서 과카몰리를 만들 수 있어요.

멕시코 요리에서 빠질 수 없는 만능 딥

과카몰리

Ingredient

(2~3인분) 아보카도 1개, 방울토마토 4개, 양파 1/4개, 다진 고수 1큰술, 라임즙 1/2큰술, 소금 조금, 후춧가루 조금

Cooking Tip

과카몰리는 타코, 케사디야 등의 요리에 곁들이거나 나초칩에 찍어 맥주 안주로 먹으면 아주 맛있어요.

Recipe

1. 방울토마토를 반 갈라 티스푼으로 씨를 파내고 과육만 굵게 다진다.
2. 양파를 다진다.
3. 아보카도의 껍질과 씨를 제거하고 볼에 넣어 매셔나 포크로 으깬다.
4. 방울토마토, 양파, 고수, 라임즙을 넣고 소금과 후춧가루로 간한 다음 섞는다.

Cuba
02

모히토는 헤밍웨이가 즐겨 마신 것으로 잘 알려진 칵테일이죠. 전통적으로 럼, 설탕, 라임즙, 소다수, 민트로 만들지만 알코올이 부담스럽다면 럼을 뺀 목테일 (무알코올 칵테일)로 만들어도 좋아요.

민트 향 가득한 쿠바의 칵테일

모히토

Ingredient

(1잔 분량) 민트잎 10장, 라임 1개(또는 시판 라임즙 1큰술), 럼 3~4큰술, 클럽소다(또는 탄산수) 적당량, 시럽 2큰술, 얼음 적당량

Cooking Tip

민트잎은 몇 번 찍어내는 것만으로도 향이 충분히 우러나므로 너무 으깨거나 짓누르지 않도록 주의해요.

Recipe

1. 잔에 민트잎을 넣고 향이 배어나도록 머들러로 찍는다.
2. 라임의 즙을 짜 넣고 시럽을 섞는다.
3. 럼을 붓고 얼음을 넣은 다음 클럽소다를 부어 채운다.

Brazil
03

모케카는 흰 살 생선, 토마토, 양파 등을 넣고 푹 끓여내는 스튜예요. 바이아식, 이스피리투산투식으로 나뉘며 그중 모케카바이아나는 코코넛밀크가 들어가는 게 특징이에요.

브라질식 피시스튜

모케카바이아나

Ingredient

[2인분] 흰 살 생선필레 250g, 토마토(통조림) 1/2캔(200g), 마늘 1개, 양파 1/2개, 파프리카 1개, 라임 1/4개, 코코넛밀크 1/2캔(200ml), 야채스톡(또는 물) 1/2컵, 라임즙 1큰술, 올리브오일 1큰술, 파프리카가루 1작은술, 고수 적당량, 소금 조금, 후춧가루 조금

Recipe

1. 생선에 라임즙 1/2큰술을 뿌리고 소금과 후춧가루로 간한다.
2. 마늘과 양파를 다진다. 파프리카의 꼭지와 씨를 제거하고 채썬다.
3. 달군 냄비에 올리브오일을 두르고 마늘과 양파를 볶다가 파프리카를 넣어 2분간 더 볶는다.
4. 파프리카가루를 넣고 1~2분간 더 볶은 다음 토마토를 섞는다.
5. 생선, 코코넛밀크, 야채스톡, 라임즙 1/2큰술을 넣고 소금과 후춧가루로 간한 다음 뚜껑을 덮어 20분간 중약불에서 끓인다.
6. 라임을 웨지썰기한다. 그릇에 5를 담고 라임웨지와 고수를 올린다.

Mexico
04

미가스는 어찌 보면 평범한 달걀 요리에 토르티야를 부숴 넣어 멕시코식으로
재해석한 요리예요. 시판 토르티야칩을 사용해 간편하게 만들 수 있어요.

멕시코식 오믈렛

미가스

Ingredient

[1인분] 토르티야칩 적당량, 달걀 2개, 방울토마토 5개, 양파 1/6개, 피망(또는 파프리카) 1/6개, 콜비잭치즈(또는 체더치즈)(간 것) 4큰술, 우유 1큰술, 식용유 조금, 소금 조금, 후춧가루 조금
[선택] 고수잎 적당량

Recipe

1. 양파와 피망을 작게 다진다. 토르티야칩을 큼직하게 부순다. 방울토마토를 반으로 가른다.
   부순 토르티야칩을 1/2컵 준비해요.
2. 볼에 달걀과 우유를 넣어 풀고 소금과 후춧가루로 간한 다음 치즈 2큰술을 섞는다.
3. 달군 팬에 식용유를 두르고 양파와 피망을 볶은 다음 방울토마토를 넣어 조금 더 볶는다.
4. 2의 달걀물을 붓고 1분간 둔다.
5. 토르티야칩을 넣고 젓가락으로 섞어가며 달걀을 스크램블한다.
6. 달걀이 거의 익으면 남은 치즈 2큰술을 뿌려 녹인다. 취향에 따라 고수잎을 곁들여 낸다.

Brazil
05

레몬에이드라 부르지만 레몬은 들어가지 않는 음료예요. 브라질에서는 레몬 대신 라임으로 레몬에이드를 만들어 먹는다고 해요. 새콤한 라임과 달콤한 연유 맛이 아주 좋답니다.

라임 향 한가득

브라질식 레몬에이드

Ingredient

(1잔 분량) 라임 1개, 물 1과3/4컵, 연유 2큰술, 설탕 3큰술, 얼음 적당량

Recipe

1. 라임을 끓는 물에 살짝 데치거나 베이킹소다로 문질러 겉에 묻은 왁스를 제거한다.
2. 라임을 적당한 크기로 자른다.
3. 블렌더에 라임, 설탕, 물, 연유를 넣고 간다.
4. 3을 체에 밭쳐 액체만 거른다.
5. 잔에 얼음을 채우고 4를 붓는다.

②
③
④

Argentina
06

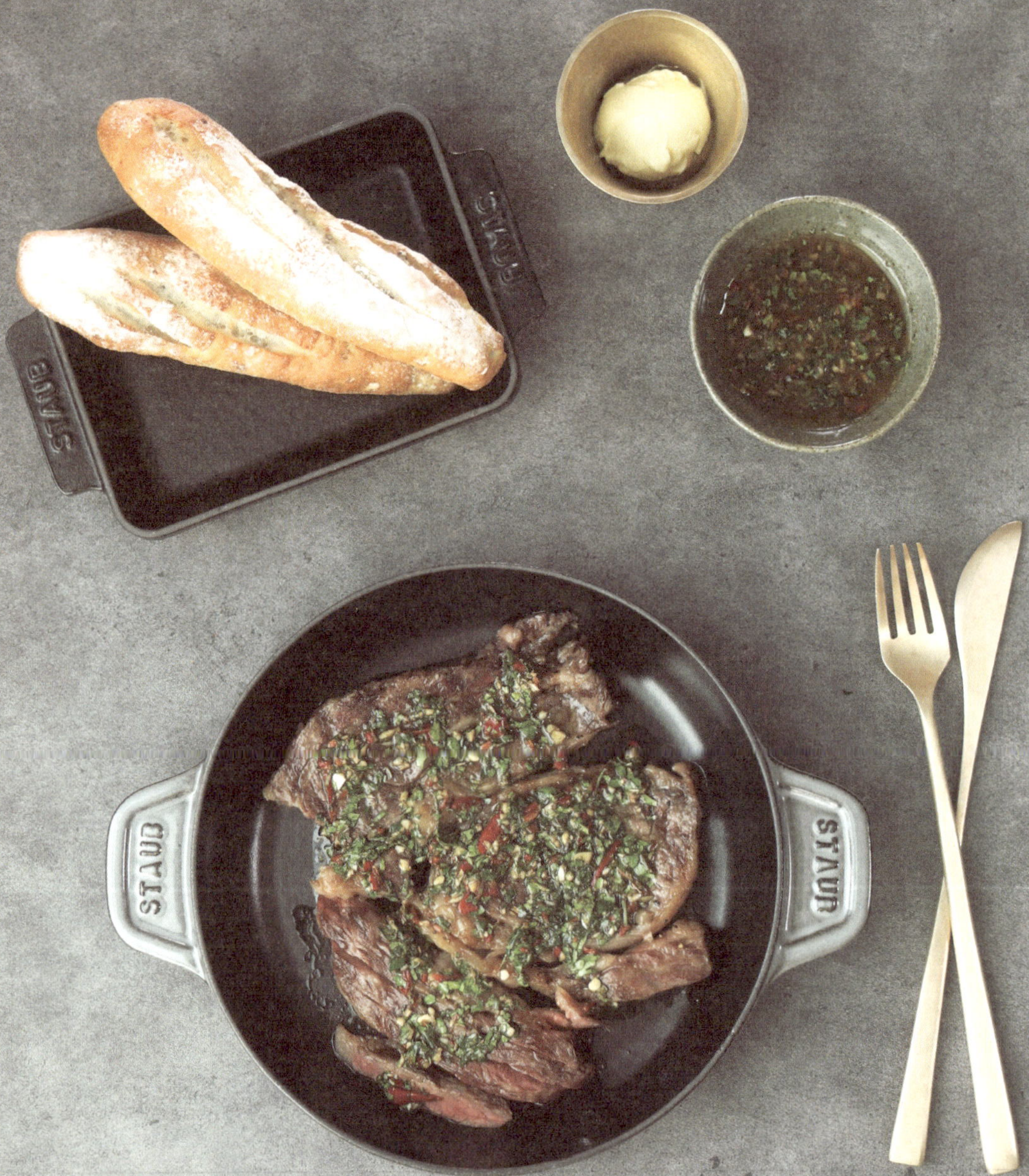

비페알라폴란차는 아르헨티나식 스테이크소스인 치미추리를 얹은 요리예요. 각종 허브를 섞어 만드는 이 소스는 고기 맛을 업그레이드시켜주며 모든 그릴 요리에 잘 어울려요.

아르헨티나식 소스를 얹은 비프스테이크

비페알라플란차

Ingredient

[2~4인분] 소고기(스테이크용) 2~4인분, 소금 조금, 후춧가루 조금, 올리브오일 조금
[치미추리소스] 고수 1/2컵, 이탤리언파슬리 1/2컵, 건오레가노 1/2작은술, 마늘 2쪽, 홍고추 1/2개, 올리브오일 4큰술, 식초 1큰술, 발사믹식초 1큰술, 소금 1/2작은술

Recipe

1. 소고기를 소금과 후춧가루로 간하고 올리브오일을 살짝 뿌려 문지른다.
2. 고수와 이탤리언파슬리의 줄기를 제거하고 잎을 딴다.
3. 푸드프로세서에 소스 재료를 넣고 입자가 살아 있도록 끊어가며 돌려 치미추리소스를 만든다.
4. 달군 팬에 소고기를 올려 굽는다.
   취향에 따라 소고기의 굽기 정도를 달리해요.
5. 소고기를 썰어 담고 3의 소스를 뿌린다.

Peru

07

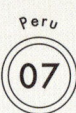

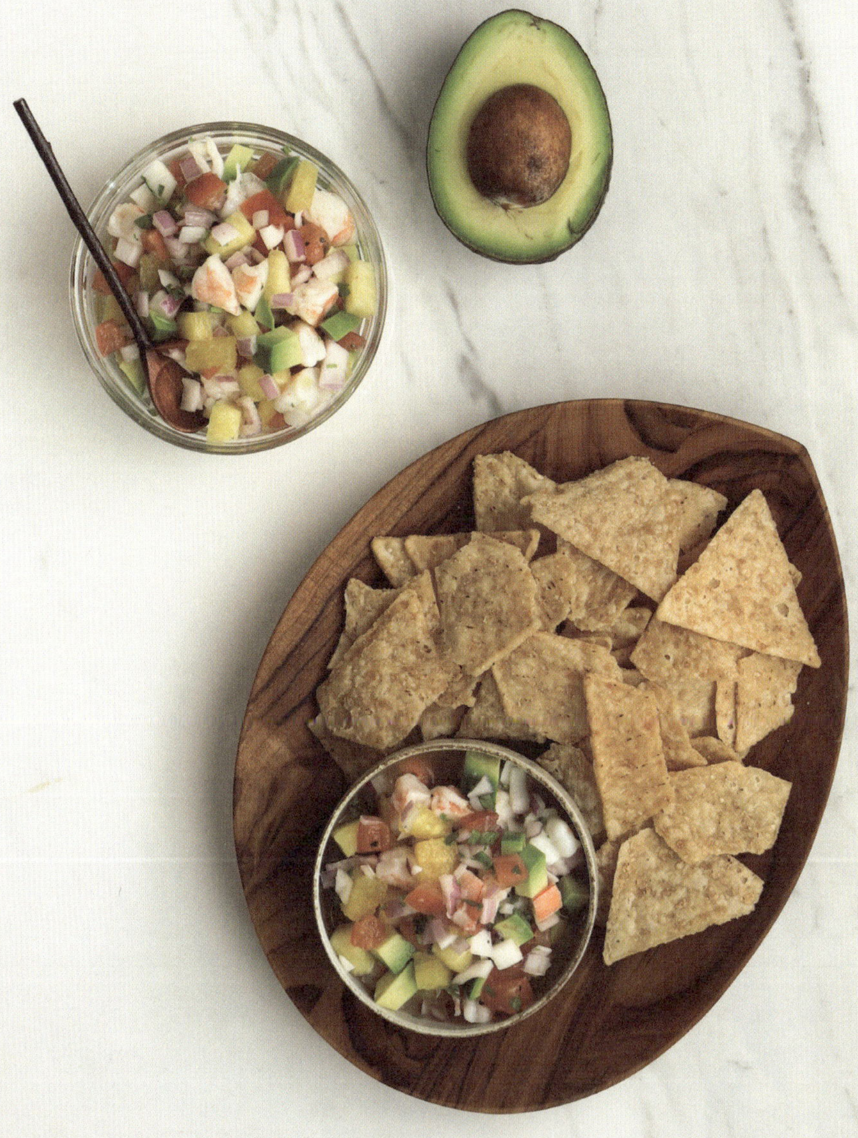

페루를 비롯한 남미에서 인기가 많은 세비체는 해산물이 풍부한 태평양 지역을 대표하는 요리예요. 날것의 해산물을 라임즙의 산 성분을 이용해 익혀 만드는 상큼한 샐러드랍니다.

입맛을 돋우는 상큼한 해산물샐러드

세비체

Ingredient

[2~3인분] 새우 200g, 다진 파인애플 1/2컵, 아보카도 1/2개, 토마토 1개, 적양파 1/4개, 오렌지주스 1/4컵, 라임즙 1/3컵, 다진 고수 2큰술, 소금 조금, 후춧가루 조금

Cooking Tip

시간 여유가 있다면 새우를 데치지 않고 아보카도를 제외한 모든 재료와 버무린 다음 냉장고에 하룻밤 재워요.

Recipe

1. 새우를 끓는 물에 2분간 데치고 찬물에 바로 헹군 다음 다진다. 파인애플과 적양파를 다진다. 토마토의 씨를 빼고 과육 부분만 다른 재료와 비슷한 크기로 다진다.
2. 볼에 1의 재료와 라임즙, 오렌지주스, 다진 고수를 넣어 버무리고 냉장고에서 2시간 정도 재운다.
3. 아보카도의 껍질과 씨를 제거하고 다진다.
4. 2에 아보카도를 섞고 소금과 후춧가루로 간한다.

Mexico
08

엘로테는 우리나라에 옥수수 열풍을 불러일으킨 멕시코식 옥수수구이예요. 멕시코의 길거리 음식으로도 유명한 이 요리는 간단하지만 중독성이 강해 마약 옥수수라 불릴 정도랍니다.

멕시코의 마약옥수수

엘로테

Ingredient

(1개 분량) 시판 옥수수(노란 것) 1개, 버터 1큰술, 파르메산치즈가루 2큰술, 칠리파우더 조금, 파슬리가루 조금

[소스] 마요네즈 1과1/2큰술, 꿀 1/2작은술

Cooking Tip

옥수수를 삶아서 사용하면 칼로리를 낮출 수 있어요.

Recipe

1. 볼에 소스 재료를 넣고 섞는다.
2. 달군 팬에 버터를 녹인다.
3. 옥수수를 넣고 굴려가며 노릇노릇하게 굽는다.
4. 옥수수에 1의 소스를 바르고 파르메산치즈가루, 칠리파우더, 파슬리가루를 뿌린다.

Mexico

09

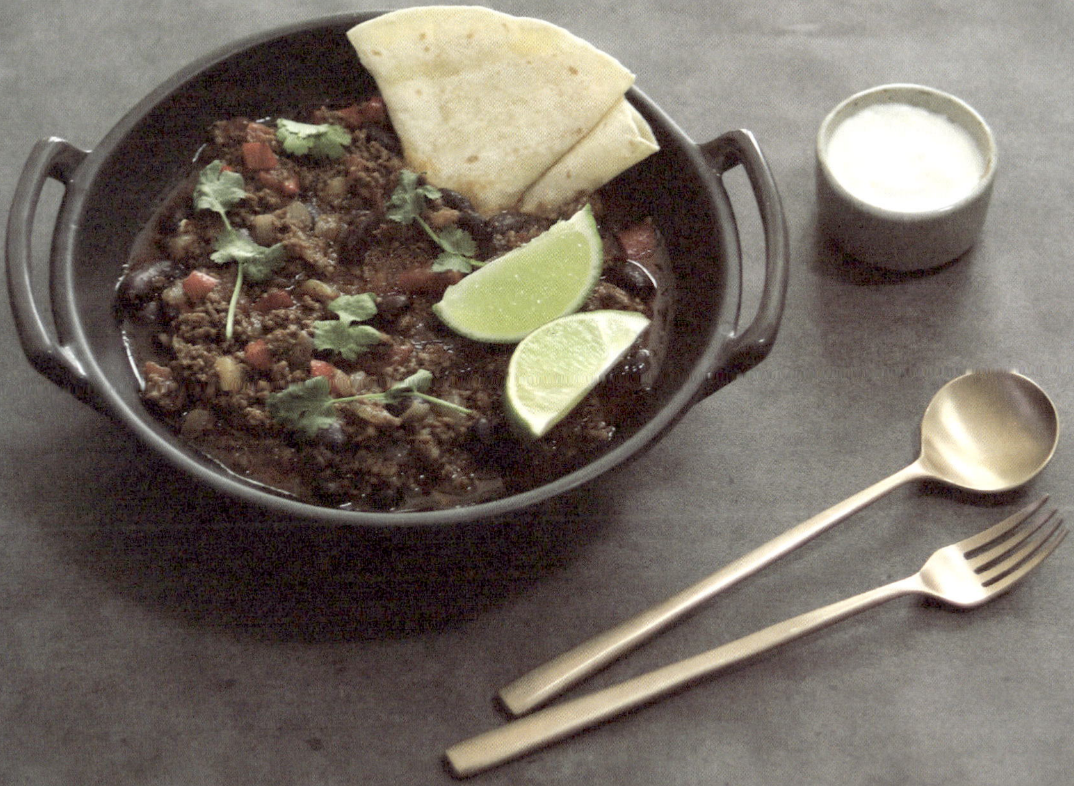

우리나라에서는 칠리콘카르네를 감자에 얹어 칠리프라이로 많이 먹지만 외국에서는 밥과 함께 간편한 식사 대용으로 주로 먹는답니다. 한 솥 끓여뒀다 다양한 사이드 요리와 함께 먹어봐요.

밥처럼 먹을 수 있는 스튜

칠리콘카르네

Ingredient

4인분 소고기(다짐육) 500g, 토마토홀(통조림) 1캔(400g), 강낭콩(통조림) 1캔(400g), 파프리카(빨강) 1개, 양파 1개, 다진 마늘 1큰술, 비프스톡 1과1/4컵, 토마토페이스트 2큰술, 칠리파우더(또는 파프리카가루) 1작은술, 커민가루 1작은술, 식용유 조금, 소금 조금, 후춧가루 조금

Cooking Tip

끓이는 중간중간 뚜껑을 열어 뒤적여서 섞어요.

남은 칠리콘카르네는 냉장 보관했다 먹기 전에 데워요.

Recipe

1. 양파와 파프리카를 다진다.
2. 달군 냄비에 식용유를 두르고 양파를 볶다가 파프리카를 넣어 볶는다.
3. 다진 마늘, 칠리파우더, 커민가루를 넣고 섞은 다음 소고기를 넣어 볶는다.
4. 비프스톡과 토마토홀을 넣어 끓인다.
5. 토마토페이스트를 섞고 뚜껑을 덮어 30분간 뭉근히 끓인 다음 물기를 뺀 강낭콩을 섞는다.
6. 뚜껑을 열어 조금 더 끓이고 소금과 후춧가루로 간한다.

③

④

⑤

Mexico

10

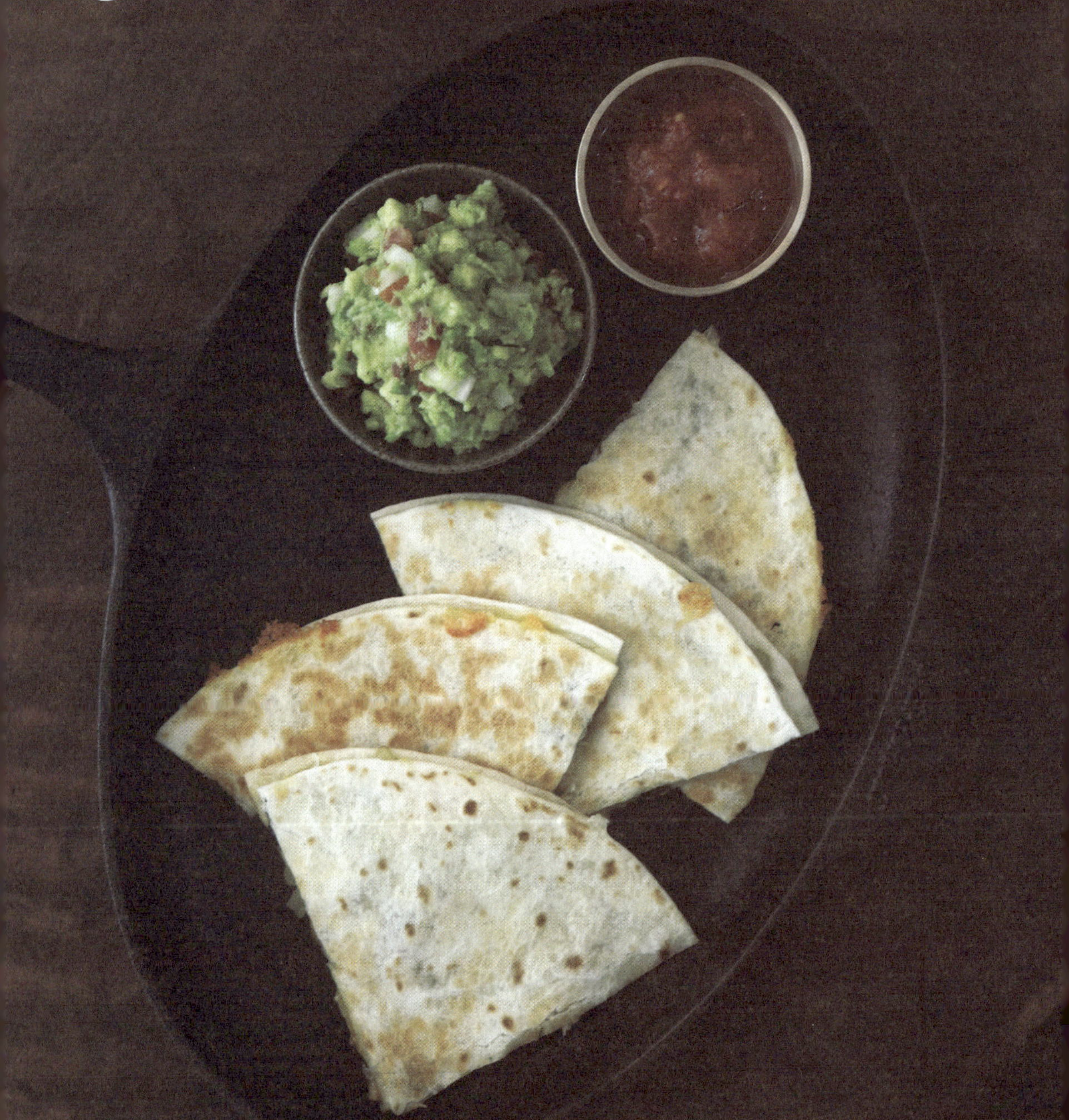

케사디야는 두 장의 토르티야 사이에 다양한 재료와 치즈를 넣어 굽는 요리예요. 살사와 과카몰리를 함께 곁들이면 더욱 맛있어요.

멕시코식 피자

케사디야

Ingredient

(2인분) 토르티야 2장, 양송이버섯 5개, 양파 1/4개, 시금치 2줌, 슈레드모차렐라치즈(또는 체더치즈) 1/4컵, 식용유 조금, 소금 조금, 후춧가루 조금

Cooking Tip

살사와 과카몰리를 함께 내 곁들여 먹어요.

Recipe

1. 양송이버섯과 양파를 채썬다. 시금치를 큼직하게 썬다.
2. 달군 팬에 식용유를 두르고 양파를 넣어 볶다가 양파가 투명해지면 양송이버섯과 시금치를 넣어 볶은 다음 소금과 후춧가루로 간한다.
3. 다른 팬에 토르티야 한 장을 올리고 2를 올린 다음 치즈를 뿌린다.
4. 나머지 토르티야 한 장으로 3을 덮는다.
5. 케사디야를 앞뒤로 노릇노릇하게 굽고 4등분해 자른다.

Mexico 11

멕시코의 목장에서 아침으로 먹던 요리가 널리 퍼져 오늘날 세계적인 브런치 메뉴가 됐어요. 다양한 재료를 활용해 나만의 우에보스란체로스를 만들어봐요.

멕시코 목장의 아침을 깨우는 요리

우에보스란체로스

Ingredient

[1인분] 토르티야 1장, 달걀 1개, 아보카도 1/4개, 리프라이드빈즈(통조림) 3큰술, 살사 2큰술, 슈레드체더치즈(또는 멕시칸치즈) 적당량
[선택] 고수 적당량

Recipe

1. 아보카도의 껍질과 씨를 제거하고 슬라이스한다.
2. 살사와 리프라이드빈즈를 데운다.
3. 달걀을 프라이한다.
4. 약불로 달군 팬에 토르티야를 데운다.
5. 토르티야에 리프라이드빈즈, 살사, 치즈를 뿌린다.
6. 아보카도와 달걀프라이를 올린다. 취향에 따라 고수를 뿌린다.

Cuba
12

쿠반샌드위치는 영화에 나와 유명해진 햄치즈샌드위치예요. 쿠바 노동자들이
점심으로 샌드위치를 먹던 데서 발전된 것으로 쿠바인들이 미국으로 옮겨가며
미국에서도 대중적인 음식이 됐어요.

쿠바노들의 휴식 같은 샌드위치

쿠반샌드위치

Ingredient

 사워도우 2장(또는 반미용 쌀바게트 1개), 슬라이스포크햄 2장, 슬라이스치킨햄(또는 터키햄) 2장, 슬라이스스위스치즈 2장, 딜피클 3개(또는 피자용 피클 5개), 버터 적당량, 옐로머스터드 1큰술

Cooking Tip

식빵으로 만들어도 좋아요.

Recipe

1. 빵의 겉면에 버터를 바르고 안쪽에 옐로머스터드를 바른다.
2. 빵 한 쪽의 옐로머스터드가 발린 면 위에 햄-스위스치즈-길게 반 가른 딜피클 순으로 올린다.
3. 나머지 빵 한 쪽의 옐로머스터드가 발린 면이 아래로 가게 해서 2를 덮는다.
4. 파니니그릴에서 눌러가며 굽는다.
   파니니그릴이 없으면 팬에서 구워요.

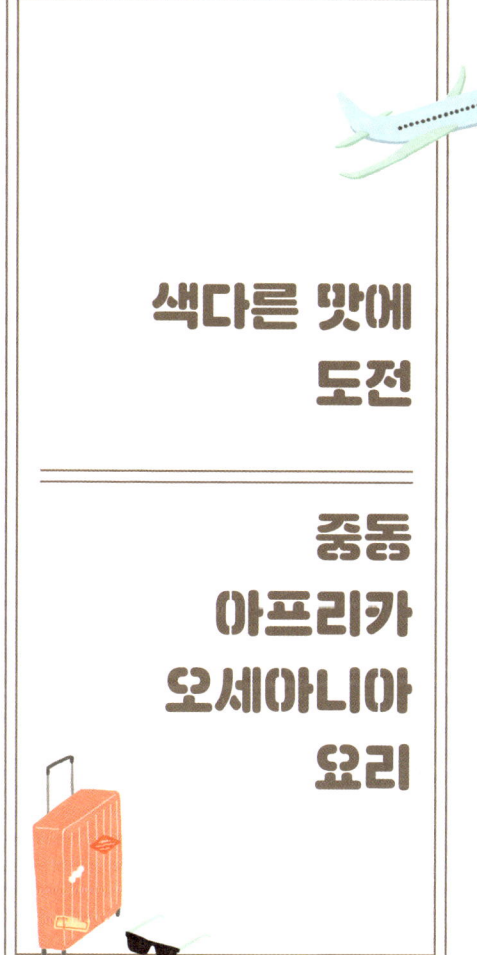

색다른 맛에 도전

중동 아프리카 오세아니아 요리

Russia
01

러시아의 전통 음식인 비프스트로가노프는 '스메타나'라는 러시아식 사워크림을 곁들인 요리예요. 2차 세계 대전 이후 유럽에서 미국으로 귀화한 사람들에 의해 전파되어 미국에서도 인기가 많답니다.

세계적으로 사랑받는 러시아 전통 소고기스튜

비프스트로가노프

Ingredient

[2인분] 파스타면(또는 밥) 2인분, 소고기(스테이크용) 250g, 밀가루 1큰술, 양파 1/2개, 양송이버섯 150g, 비프스톡 1컵, 사워크림(또는 플레인요거트) 3/4컵, 버터 1과1/2큰술, 디종머스타드 1/2큰술, 소금 조금, 후춧가루 조금, 식용유 조금

Recipe

1. 소고기를 길게 썬다. 양파를 채썬다. 양송이버섯을 슬라이스한다.
2. 달군 팬에 식용유를 두르고 소고기의 겉면만 살짝 익힌 다음 덜어둔다.
3. 2의 팬에 버터를 녹이고 양파를 넣어 투명해질 때까지 볶는다.
4. 양송이버섯을 넣어 갈색이 돌 때까지 볶고 밀가루를 넣어 1분간 볶은 다음 비프스톡을 넣어 끓인다.
5. 사워크림, 디종머스타드, 소금, 후춧가루를 넣어 섞다가 불을 낮추고 농도가 생기도록 끓인다.
6. 5를 파스타면과 함께 낸다.

/Israel/
02

토마토소스에 달걀을 깨뜨려 익혀 먹는 샤크슈카는 중동 전역에서 인기가 많아요. 아랍어로 다 섞였다는 뜻을 가진 샤크슈카는 '에그인헬'이라는 이름으로도 잘 알려진 요리예요.

중동의 흔한 아침 식사

샤크슈카

Ingredient

(2~3인분) 달걀 3개, 소시지 1개, 마늘 2쪽, 양파 1/2개, 피망 1/4개, 시판 토마토소스 1과1/2컵, 물(또는 우유) 1/4컵, 슈레드모차렐라치즈 1/2컵, 다진 파슬리(또는 파슬리가루) 조금, 식용유(또는 올리브오일) 조금, 후춧가루 조금

Cooking Tip

거친 느낌의 빵을 곁들여 먹어요.

Recipe

1. 마늘을 편썬다. 양파와 피망을 굵게 채썬다. 소시지를 어슷썬다.
2. 달군 팬에 식용유를 두르고 마늘을 볶아 향을 낸다.
3. 양파와 피망을 넣고 볶다가 양파가 투명해지면 소시지를 넣어 볶는다.
4. 토마토소스와 물을 넣고 뭉근하게 끓인 다음 후춧가루로 간한다.
5. 달걀을 하나씩 깨뜨려 넣고 달걀 사이사이에 치즈를 뿌린다.
6. 뚜껑을 덮어 달걀을 반숙으로 익히고 다진 파슬리를 뿌린다.

Turkey
03

'시시'는 꼬치나 칼을 의미하는데 병사들이 칼에 고기를 끼워 구워 먹던 데서 유래했어요. 고기를 미리 재워뒀다 아이스박스에 넣어 캠핑 요리로 해 먹어도 아주 좋아요.

터키식 꼬치구이

시시케밥

Ingredient

6~8꼬치 분량 소고기 400g, 적양파 1/2개, 주키니 1/4개, 파프리카(빨강, 노랑, 주황) 각 1/2개

[소스] 올리브오일 2큰술, 간장 1과1/2큰술, 발사믹식초 1큰술, 레몬즙 1큰술, 우스터소스 1과1/2큰술, 꿀 1/2큰술, 디종머스터드 1작은술, 다진 마늘 1/2큰술, 후춧가루 조금

Recipe

1. 적양파, 주키니, 파프리카를 큼직하게 썬다.
   꼬치에 끼울 수 있는 크기로 썰어요.
2. 소고기를 채소와 비슷한 크기로 썬다.
3. 볼에 소스 재료를 넣어 섞는다.
4. 채소와 소고기를 3의 소스에 넣어 버무리고 잠시 재운다.
5. 꼬치에 채소와 고기를 번갈아가며 끼워 케밥을 만든다.
6. 그릴에 식용유를 바르고 5를 돌려가며 굽는다.
   그릴 대신 팬에 구워도 좋아요.

①  ④  ⑤

Morocco 04

가지의 단맛을 잘 살릴 수 있는 조리법은 바로 오븐에 굽는 거예요. 구운 가지를 넣은 자알룩을 빵과 함께 곁들이거나 사이드 요리로 즐겨봐요.

모로코식 가지샐러드

자알룩

Ingredient

(2인분) 가지 2개, 토마토 2개, 다진 마늘 1큰술, 커민가루 1작은술, 파프리카가루 1작은술, 올리브오일 적당량, 다진 파슬리 조금, 소금 조금, 후춧가루 조금

Recipe

1. 가지를 세로로 1/3등분하고 올리브오일을 바른 다음 230도 오븐에서 30분간 굽는다.
2. 구운 가지를 살짝 식히고 껍질을 벗겨 다진다.
3. 토마토를 다지고 올리브오일을 두른 팬에 볶는다.
4. 토마토가 부드럽게 익으면 다진 마늘, 커민가루, 파프리카가루를 넣어 섞는다.
5. 2의 가지를 넣고 15~20분간 끓인 다음 소금과 후춧가루로 간한다.
6. 올리브오일과 다진 파슬리를 뿌린다.

구운 빵을 곁들여 내요.

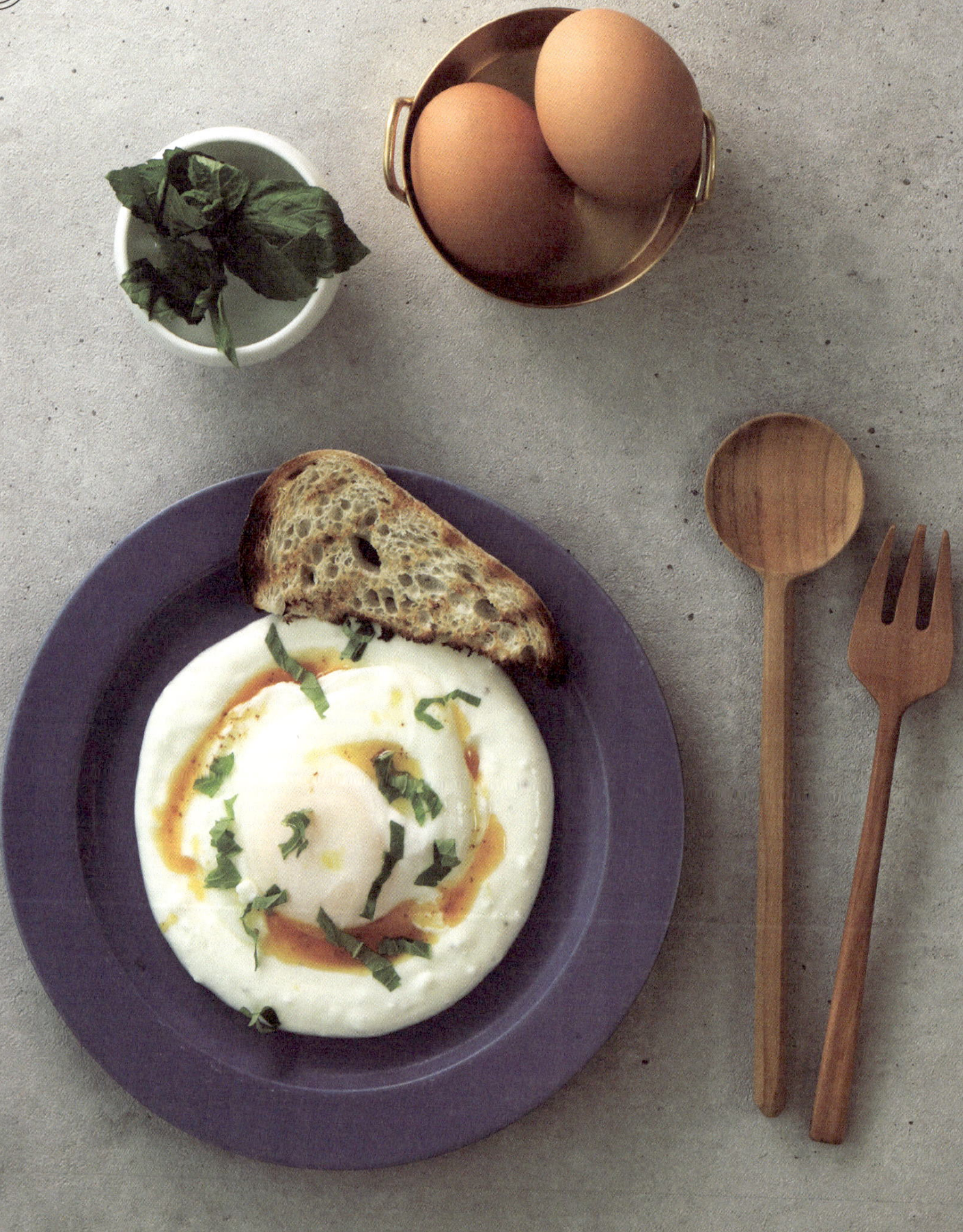

터키에는 '카흐발트'라는 아침 식사 문화가 있어요. 복잡한 조리 과정 없이 각기 다른 재료로 만든 다양한 메뉴가 여기에 포함돼요. 이때 빠지지 않는 음식이 바로 츨브르랍니다.

요거트를 곁들인 달걀 요리

츨브르

Ingredient

[2인분] 달걀 2개, 그릭요거트 1컵, 레몬 1/2개, 소금 조금, 후춧가루 조금
[칠리버터] 칠리파우더 1/4작은술, 파프리카가루 1/4작은술, 버터 3큰술
[선택] 민트잎 적당량

Cooking Tip

수란 만드는 방법은 P.28의 '수란 만들기'를 참고해요.

Recipe

1. 끓는 물에 달걀을 깨뜨려 넣고 익혀 수란을 만든다.
2. 레몬 껍질의 노란 부분만 그레이터에 갈아 레몬제스트를 만든다.
3. 레몬제스트를 만들고 남은 레몬의 즙을 짠다.
4. 그릭요거트에 레몬제스트, 레몬즙, 소금, 후춧가루를 넣어 섞는다.
5. 팬에 버터를 녹이고 칠리파우더와 파프리카가루를 넣어 살짝 끓인 다음 불에서 내린다.
6. 접시에 4의 요거트를 담고 수란을 올린 다음 5의 칠리버터를 뿌린다. 취향에 따라 민트잎을 다져 뿌린다.

구운 빵을 곁들여 내요.

India
06

버터치킨커리로도 알려진 치킨마크니커리는 남은 닭고기 처리를 위해 토마토 소스에 넣어 끓였던 데서 유래했어요. 영국에서는 '치킨티카마살라'라는 이름으로 발전되어 국민 요리로 여겨진답니다.

버터를 넣은 인도식 토마토커리

치킨마크니커리

Ingredient

(2인분) 밥 2공기, 닭다리살 300g, 토마토홀(통조림) 1/2캔(200g), 양파 1/2개, 고형카레 2조각, 플레인요거트(또는 그릭요거트) 1/2컵, 물 1컵, 버터 1큰술

Recipe

1. 닭고기를 먹기 좋은 크기로 자른다.
2. 양파를 작게 다진다.
3. 달군 팬에 버터를 녹인 다음 양파를 넣고 볶다가 투명해지면 닭고기를 넣어 볶는다.
4. 토마토홀과 물을 넣고 주걱으로 으깨어가며 끓인다.
5. 4가 끓어오르면 고형카레를 풀어 넣고 플레인요거트를 섞은 다음 뭉근하게 끓인다.
6. 접시에 밥과 5를 담는다.

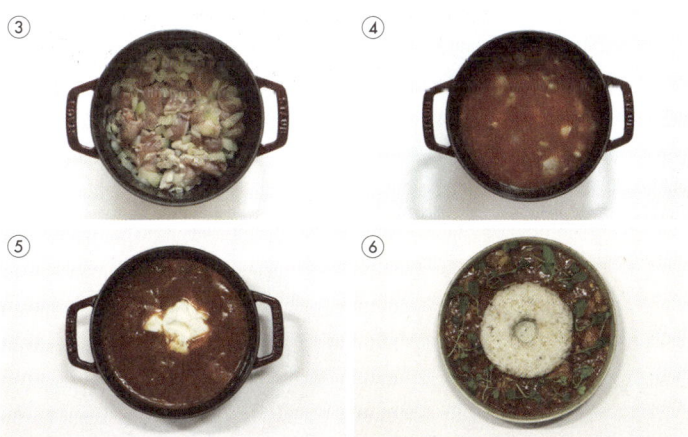

Australia 07

치킨파르미지아나는 미국과 호주에서 많이 먹으며 특히 호주 전역에서 사랑받는 요리예요. 이탈리아 요리에서 가지를 구워 만드는 멜란자네와 송아지커틀릿인 코톨레타가 합쳐져 만들어졌어요.

호주의 대표적인 펍 푸드

치킨파르미지아나

Ingredient

[2인분] 닭가슴살 250g, 달걀 1개, 빵가루 1/2컵, 파르메산치즈(간 것) 1/4컵, 슬라이스모차렐라치즈 4장, 시판 토마토소스 1/2컵, 식용유 적당량, 다진 바질(또는 다진 파슬리) 조금, 소금 조금, 후춧가루 조금

Cooking Tip

슬라이스모차렐라치즈 대신 슈레드모차렐라치즈나 자른 프레시모차렐라치즈를 써도 좋아요.

Recipe

1. 닭고기를 가로로 반 가르고 소금과 후춧가루로 간한다.
2. 볼에 빵가루와 파르메산치즈를 섞는다.
3. 볼에 달걀을 풀고 1의 닭고기를 담근 다음 2의 빵가루를 입힌다.
4. 식용유를 넉넉히 부어 달군 냄비에 3을 넣어 앞뒤로 노릇노릇하게 튀긴다.
5. 오븐용 접시에 튀긴 닭고기를 올리고 토마토소스를 1~2큰술 바른 다음 치즈를 1장씩 올린다.
6. 180도로 예열한 오븐에 넣어 3분 정도 치즈가 녹도록 굽고 다진 바질을 뿌린다.

파스타면이나 샐러드와 함께 내면 좋아요.

Australia
08

파블로바는 러시아 무용수 안나 파블로바의 호주 방문을 기념하기 위해 만들어진 디저트예요. 구운 머랭에 생크림과 과일을 올린 이름만큼 예쁜 호주의 대표적인 여름 디저트예요.

무용수의 이름을 딴 달콤한 디저트

파블로바

Ingredient

(1개(20cm) 분량) 녹말가루 1/2작은술, 생크림 3/4컵, 식초 1/2작은술, 바닐라익스트랙트 1/2작은술, 설탕 1큰술
[머랭] 달걀흰자 3개, 설탕 3/4컵
[토핑] 과일 적당량

Cooking Tip

머랭을 굽고 바로 오븐을 열면 아래로 가라앉을 수 있으니 오븐 안에서 충분히 식혀 꺼내요. 또 머랭에 온기가 남아 있는 상태에서 생크림 토핑을 올리면 녹아내릴 수 있으니 완전히 식은 다음 장식해요.

Recipe

1. 볼에 달걀흰자를 넣고 거품기로 풀어가며 머랭을 낸다. 기포가 어느 정도 생기기 시작하면 설탕을 나눠 넣으며 단단한 머랭을 낸다.
2. 완성된 머랭반죽에 녹말가루, 식초, 바닐라익스트랙트를 넣고 거품이 꺼지지 않도록 주걱으로 살살 섞는다.
3. 오븐 팬에 유산지를 깔고 머랭을 올린 다음 고무 주걱이나 스패츌러로 동그란 모양을 만든다.
4. 130도 오븐에 90분간 굽고 오븐 안에서 그대로 식힌 다음 꺼낸다.
5. 생크림에 설탕을 넣어 휘핑하고 완전히 식은 머랭에 올린다.
6. 토핑용 과일을 올린다.

Egypt
09

중동에서 가장 많은 사랑을 받고 또 여러 요리에 두루 곁들여지는 게 바로 팔라펠이에요. 병아리콩을 주 재료로 하는 팔라펠은 다양한 영양분을 섭취할 수 있어 채식 요리로도 인기가 좋아요.

병아리콩으로 만드는 비건 크로켓

팔라펠

Ingredient

9~10개 분량 병아리콩(통조림) 1캔(400g), 밀가루 1큰술, 베이킹파우더 1작은술, 양파 1/2개, 마늘 2쪽, 다진 파슬리 2큰술, 다진 고수 2큰술, 커민가루 1/2작은술, 소금 조금, 후춧가루 조금

Cooking Tip

팔라펠을 샌드위치 속 재료로 활용하거나 채소와 함께 토르티야나 피타빵에 넣어 먹어요.

Recipe

1. 병아리콩을 물에 헹구고 체에 밭쳐 물기를 뺀다.
2. 블렌더에 병아리콩, 마늘, 다진 양파, 다진 파슬리, 다진 고수를 넣고 간다.
3. 볼에 2를 덜고 커민가루, 밀가루, 베이킹파우더, 소금, 후춧가루를 넣어 섞는다.
4. 3의 반죽을 동그랗게 빚는다.
5. 식용유를 넉넉히 부어 달군 냄비에 4를 넣고 굴려가며 노릇노릇하게 튀긴다.
6. 5를 키친타월에 올려 기름기를 뺀다.

Nigeria
10

퍼프퍼프는 반죽이 부풀어오르는 모양에서 이름이 붙여졌어요. 애피타이저, 디저트, 간단한 점심 식사로 먹는답니다. 원래는 이스트를 쓰지만 구하기 쉬운 베이킹파우더를 사용했어요.

아프리카의 바나나도넛

퍼프퍼프

Ingredient

2~3인분 바나나 1개, 밀가루 6큰술, 베이킹파우더 1작은술, 설탕 2큰술, 바닐라익스트랙트 2~3방울, 슈거파우더 적당량

Cooking Tip

따뜻할 때 바로 먹어요.

Recipe

1. 바나나의 껍질을 벗긴다.
2. 볼에 바나나를 넣고 매셔나 포크로 으깬다.
3. 설탕, 바닐라익스트랙트, 밀가루, 베이킹파우더를 넣고 섞은 다음 랩을 씌워 10분간 둔다.
4. 식용유를 넉넉히 부어 달군 냄비에 스푼으로 반죽을 떠 넣어 노릇노릇하게 튀긴다.
5. 그릇에 4를 담고 슈거파우더를 뿌린다.

③

④

⑤

후무스는 빵에 발라 먹거나 채소에 찍어 먹는 등 다양한 요리에 두루 곁들여져요. '후무스'는 아랍어로 병아리콩을 뜻해요. 식물성 단백질을 듬뿍 담고 있어 채식 요리로도 많이 찾는답니다.

중동을 대표하는 비건 요리

후무스

Ingredient

[6~8개 분량] 병아리콩(통조림) 1개(400g), 마늘 2쪽, 타히니 3큰술, 레몬즙 1과1/2큰술, 올리브오일 2큰술, 커민가루 1/4작은술, 물 4큰술, 소금 조금, 후춧가루 조금

Cooking Tip

타히니는 참깨를 갈아 만든 소스로 일본에서는 네리고마, 중국에서는 지마장이라 불러요. 인터넷에서 쉽게 구입할 수 있어요.

Recipe

1. 병아리콩을 깨끗한 물에 여러 번 씻고 체에 밭쳐 물기를 뺀다.
2. 블렌더에 병아리콩, 마늘, 타히니, 레몬즙, 올리브오일, 커민가루, 소금, 후춧가루를 넣고 간다.
3. 물을 조금씩 넣어가며 원하는 묽기가 되도록 간다.

    다진 파슬리, 레드페퍼 플레이크, 파프리카가루 등이 있으면 살짝 뿌려요.

집에서 푸드 트립

1판 1쇄 인쇄	2018년 10월 15일
1판 1쇄 발행	2018년 10월 29일
지은이	박소은
발행인	안현동
편집인	황민호
출판사업본부장	박종규
편집장	박정훈
책임편집	강경양
마케팅본부장	김구회
마케팅	이상훈 김학관 김종국 반재완 이수정 임도환
국제판권	이주은
제작	심상운
발행처	대원씨아이(주)
주소	서울특별시 용산구 한강대로15길 9-12
전화	(02)2071-2094
팩스	(02)749-2105
등록	제3-563호
등록일자	1992년 5월 11일
ISBN	979-11-334-9590-0 13590

- 이 책은 대원씨아이(주)와 저작권자의 계약에 의해 출판된 것이므로 무단 전재 및 유포, 공유, 복제를 금합니다.
- 이 책 내용의 전부 또는 일부를 이용하려면 반드시 저작권자와 대원씨아이(주)의 서면 동의를 받아야 합니다.
- 잘못 만들어진 책은 판매처에서 교환해드립니다.